区块链应用研究：基于惠智的实践

邓 牧 应文池 潘善琳 崔丽丽 编著

清华大学出版社
北京交通大学出版社
·北京·

内 容 简 介

区块链是一种源自比特币的前沿数字技术，基于其去中心化的技术特征及已经超越了金融科技的原生应用范围，可以被用于并颠覆其他领域的传统产业和商业模式。惠智（深圳）技术有限公司是国内首批专注于区块链在实体经济中应用创新的企业，本书基于惠智（深圳）技术有限公司的探索，聚焦于客户忠诚度计划（会员积分）及全域旅游中的应用场景，探讨区块链在该场景中的应用实践，旨在为各个行业提供区块链应用的经验与参考。

本书封面贴有清华大学出版社防伪标签，无标签者不得销售。
版权所有，侵权必究。侵权举报电话：010-62782989 13501256678 13801310933

图书在版编目（CIP）数据

区块链应用研究：基于惠智的实践/邓牧等编著. —北京：北京交通大学出版社：清华大学出版社，2020.6
ISBN 978-7-5121-4212-1

Ⅰ. ①区… Ⅱ. ①邓… Ⅲ. ①电子商务-支付方式-研究 Ⅳ. ① F713.361.3

中国版本图书馆 CIP 数据核字（2020）第 087473 号

区块链应用研究：基于惠智的实践
QUKUAILIAN YINGYONG YANJIU：JIYU HUIZHI DE SHIJIAN

责任编辑：韩素华
出版发行：清 华 大 学 出 版 社　邮编：100084　电话：010-62776969　http://www.tup.com.cn
　　　　　北京交通大学出版社　邮编：100044　电话：010-51686414　http://www.bjtup.com.cn
印 刷 者：艺堂印刷（天津）有限公司
经　　销：全国新华书店
开　　本：170 mm×240 mm　印张：7.25　字数：100 千字
版 印 次：2020 年 6 月第 1 版　2020 年 6 月第 1 次印刷
印　　数：1～2 000 册　定价：38.00 元

本书如有质量问题，请向北京交通大学出版社质监组反映。对您的意见和批评，我们表示欢迎和感谢。
投诉电话：010-51686043，51686008；传真：010-62225406；E-mail：press@bjtu.edu.cn。

前言

2019年10月，习近平总书记在主持中共中央政治局第十八次集体学习时指出："区块链技术的集成应用在新的技术革新和产业变革中起着重要作用。"区块链是一种源自比特币的去中心化数字技术。然而，作为新兴数字技术，区块链的应用已经超越了金融科技的原生应用范围，可以被用于并颠覆其他领域的传统产业和商业模式。这些都迫使企业和组织不得不重新思考其创新战略和技术能力。

根据Gartner公司的技术成熟度曲线（Gartner hype cycle）分析，区块链技术正在不断完善中。虽然区块链技术仍然存在海量数据处理及高频交易的性能影响，以及数据公开透明带来的数据安全等问题与风险，然而，随着技术的逐步成熟，区块链在不同行业和领域的应用探索也越来越多。人们也逐渐认识到区块链可以通过非对称加密、时间戳、分布式账本、共识机制和智能合约等技术，记录业务与交易的关键信息，从而保障安全转账、减少欺诈、跟踪证据、增强透明度、降低运营成本和提高商业效率。进而"多主体、弱信任、强业务"的区块链技术特征与应用场景也逐渐清晰。此时，整个社会更需要有能够结合实体经济的区块链应用实践的案例与参考。

惠智（深圳）技术有限公司（以下简称"惠智公司"）是国内首批专注于区块链在实体经济中应用创新的企业，本书基于惠智公司的探索与实践，聚焦于企业的客户忠诚度计划（会员积分）和数字化全域旅游等典型的多方参与式场景，探讨区块链在该场景中的应用，旨在为各个行业提供区块链应用的经验与参考。此外，本书还提供了作者亲自参与的区块链应用案例研究内容，不仅可以对企业实践提供有价值的案例，而且从理论和知识层面对实践经验进行了总结。我们希望本书的内容能让读者了解到适用区块链的应用场景，并鼓励更多的研究者探索区块链在实体经济中的有效应用，进而能够在一定程度上为区块链技术在企业管理与业务创新方面带来一些灵感，为区块链技术与应用的发展贡献力量。

  本书受到国家自然科学基金（编号：71529001）资助，同时，获得了澳大利亚新南威尔士大学全球数字化赋能研究中心（UNSW Digital Enablement Research Network）的大力支持！在此感谢所有为本书出版提供帮助的朋友！

编者
2020 年 5 月

目录

第1章　区块链技术及其发展概述 ························· 1
 1.1　区块链技术的基本概念 ························· 1
 1.2　区块链的核心技术 ····························· 3
 1.3　区块链起源应用：加密数字货币 ················· 5
 1.4　区块链技术的发展历程 ························· 5
 1.5　区块链技术的特征与价值 ······················· 7
  1.5.1　区块链技术的特征 ························ 7
  1.5.2　区块链技术的价值 ························ 8

第2章　区块链技术赋能会员积分计划 ··················· 9
 2.1　会员积分计划简介 ····························· 9
 2.2　会员积分计划的业务逻辑分析 ··················· 10
  2.2.1　会员积分计划的现状分析 ·················· 10
  2.2.2　现有会员积分计划的问题 ·················· 14
  2.2.3　积分计划的改进方向 ······················ 15
 2.3　会员积分计划的案例分析 ······················· 16
  2.3.1　会员积分计划的常见应用场景 ·············· 16
  2.3.2　会员积分计划的经典应用案例 ·············· 19

I

2.4 基于区块链的积分计划之会员积分计划 …… 33
2.4.1 积分计划设计要点 …… 33
2.4.2 积分计划定位 …… 35
2.4.3 积分计划特色 …… 37

2.5 积分会员系统的新型支撑模式：积分优惠券的做市运营 …… 41
2.5.1 新型积分初始阶段的运营与盈利模式 …… 42
2.5.2 某航空公司积分计划的战略定位 …… 43

第3章 区块链技术赋能全域智慧旅游 …… 44
3.1 国内外旅游市场与旅游科技创新概况 …… 44
3.1.1 国外旅游产业年度回顾 …… 44
3.1.2 国外旅游市场发展趋势 …… 48
3.1.3 国外旅游产业科技创新 …… 51
3.1.4 区块链在旅游产业的应用 …… 53

3.2 典型在线旅游商的案例分析：携程旅行网 …… 54
3.2.1 携程的主要业务 …… 55
3.2.2 携程的盈利模式 …… 56
3.2.3 携程的商业模式 …… 60
3.2.4 携程积分的商业模式 …… 61
3.2.5 对携程的分析 …… 63

3.3 区块链技术赋能旅游行业变革分析 …… 69
3.3.1 区块链赋能旅游共享经济 …… 69
3.3.2 区块链赋能旅游创意经济 …… 72

3.4 基于区块链技术的全域智慧旅游创新建议 …… 75
3.4.1 赋能创新：时间与个人 …… 75
3.4.2 盈利模式：价值与激励 …… 78

3.4.3　交付模式：从"旅游+游学"切入 …………………… 78

第4章　区块链技术赋能案例的研究与洞察 ………………… 80
4.1　区块链应用实施的案例研究：新兴技术的可供性、实验和实现 ……………………………………………… 81
4.1.1　背景 ……………………………………………… 81
4.1.2　发现区块链技术的可供性 …………………… 83
4.1.3　新兴数字技术的试验 ………………………… 86
4.1.4　可供性的实现 ………………………………… 89
4.1.5　可供性实现理论的推广 ……………………… 92
4.1.6　案例总结 ……………………………………… 93
4.2　区块链应用赋能的案例研究：员工弹性福利计划 ……… 95
4.2.1　背景 ……………………………………………… 95
4.2.2　在电子商务平台上发放福利积分 ……………… 96
4.2.3　邀请供应商加入福利电子商务平台 …………… 97
4.2.4　实现与第三方电子商务平台的整合 …………… 98
4.2.5　案例经验总结 …………………………………… 100
4.2.6　结语 ……………………………………………… 101

参考文献 ……………………………………………………………… 103

第1章 >>>
区块链技术及其发展概述

区块链于 2008 年 10 月作为比特币的核心基础进入人们的视野，因为带有一些过去不可能实现的特性，区块链成为近年来最具有颠覆特性的信息技术之一，从而备受关注。

1.1 区块链技术的基本概念

区块链中的"区块"指的是信息块，这个信息块内含有一个特殊的信息就是时间戳。含有时间戳的信息块彼此互连，形成的信息块链条被称为"区块链"。

狭义来讲，区块链是一种按照时间顺序将数据区块以顺序相连的方式组合成的一种链式数据结构，也是一种以密码学方式保证的不可篡改和不可伪造的分布式账本。

广义来讲，区块链技术是一种全新的分布式基础架构与计算方式，它利用块链式数据结构来验证与存储数据，利用分布式节点共识算法来生成和更新数据，利用密码学的方式保证数据传输和访问的安全，利用自动化脚本代码组成的智能合约来编程和操作数据。日裔美国黑客中本聪在2008年于《比特币白皮书》中首先提出"区块链"概念，并在2009年创立了比特币社会网络，开发出第一个区块，即"创世区块"。

通常，按开放对象范围不同，将区块链分为以下三类。

1. 公有区块链（简称公链）

世界上任何个体或团体都可以发送交易并获得该区块链的有效确认，且任何人都可以参与其共识过程。公有区块链是最早且当前应用最广泛的区块链。公链的特征是访问门槛低，任何人都可以自由加入和退出；可以保护使用其开放程序的用户，参与者身份隐藏但所有数据默认公开。公链的应用包括比特币、以太坊、超级账本及大多数山寨币。

2. 联盟/行业区块链（简称联盟链）

由某个群体内部指定多个预选的节点为记账人，每个块的生成由所有的预选节点共同决定（预选节点参与共识过程），其他接入节点可以参与交易，但不参与记账过程，其他任何人可以通过该区块链开放的API（application programming interface，应用程序编程接口）进行限定查询，联盟链需通过授权才能加入和退出。

3. 私有区块链（简称私链）

仅仅使用区块链的总账技术进行记账，公司或个人独享该区块链的写入权限。私链的特征是交易速度快，数据不会公开地被拥有网络连接的人获得，交易成本大幅度降低甚至为零。

1.2　区块链的核心技术

区块链技术是在集成了多方面研究成果基础上的综合性技术系统，包含密码学原理、分布式存储和共识机制三项核心技术。

1. 密码学原理

在区块链中，信息的传播按照公匙、私匙这种非对称数字加密技术实现交易双方的互相信任。"公钥"（长且随机生成的数字字符串）是区块链上的用户地址，通过网络发送的比特币记录属于该地址。"私钥"就像一个密码，它的所有者可以通过私钥访问他们的比特币或其他数字资产。将数据存储在区块上能使其不可被破坏。根据公开的公匙无法测算出另一个不公开的密钥（私钥），密码学原理较好地保证了数据的安全和用户的隐私。

2. 分布式存储

分布式存储是一种数据存储技术，通过网络使用每台计算机上的磁盘空间，并将这些分散的存储资源构成一个虚拟的存储设备，数据分散地存储在网络中的各个角落，参与的节点各自都有独立的、完整的数据存储。区块链的分布式存储性体现在两个方面：一是区块链每个节点都按照块链式结构存储完整的数据。二是区块链每个节点存储都是独立的、地位等同的，共识机制能够保证存储的一致性，不存在集中化的信息供黑客破坏。数以百万计的计算机同时托管，其数据可供互联网上任何人使用。分布式数据存储能提高系统的可靠性、可用性和存取效率，而且易于拓展，在区块链领域应用非常广泛。

3. 共识机制

共识机制是指在一个时间段内对事物的前后顺序达成共识的一种算法。共识机制是区块链的灵魂，它维系着区块链世界的正常运转。常用的共识机制包括三种，具体如下。

（1）工作量证明机制，主要是猜数字，谁能最快猜出这个唯一数字，谁就能做信息公示人。

（2）权益证明机制，它与股权凭证和投票系统类似，因此也叫"股权证明算法"，由持有最多的人来公示最终信息。

（3）拜占庭共识算法，它以计算为基础，没有代币奖励，由链上所有人参与投票，少于$(n-1)/3$个节点反对时就获得公示信息的权利。

达成共识需要50%以上的节点同意，篡改数据需要极大的成本，或者根本无法完成（因节点数量非常多）。共识机制确保了信息的唯一性，使数据不可被篡改。利用这一点，区块链技术可广泛地应用于智能化合约，保证合约不被篡改，也可应用于社会中的无形资产管理，如知识产权保护、域名管理、积分管理等领域。

1.3　区块链起源应用：加密数字货币

数字加密货币是不依靠法定货币机构发行，不受央行管控，依据全世界的计算机运算一组方程式开源代码，通过计算机的显卡、CPU大量的运算处理产生，并使用密码学的设计来确保货币流通各个环节安全性的货币。比特币、以太坊、莱特币、瑞波币等加密数字货币是目前最主流的区块链应用。

1.4　区块链技术的发展历程

比特币是第一种区块链技术的现实应用。就像互联网可以让人们交流信息一样，比特币为人们之间进行点对点交易提供了机会，而且区块链的发展和维护是开放的、分布式的，也是共享的。区块链可以大幅度降低交易成本，而且有潜力成为所有交易的记录系统，可能会给经济带来再一次的根本性变革。

1. 区块链1.0时代——数字货币

区块链1.0时代是以比特币为代表的数字货币应用，数字货币的价值由用户协商而得。其应用场景包括支付、流通等货币职能，比特币是区块链1.0的典型应用。中本聪在2008年11月发表了著名论文——《比特币：点对点的电子现金系统》，该文提出了一种完全通过点对点技术实现的电子现金系统，它基于密码学原理而非信用，使得在线支付能够直接由一方发起支付给另一方，中间不需要通过任何的金融机构。2009年1月，中本聪挖掘出了创世区块。

2. 区块链 2.0 时代——数字货币与智能合约

区块链 2.0 时代是数字货币与智能合约相结合，是对金融领域更广泛的场景和流程进行优化的应用。区块链 2.0 时代在数字货币的基础上加入了智能合约功能，智能合约算法可以利用程序算法代替人来执行合同，通过转让来创建不同资产单元的价值，使区块链从货币体系扩展到股权、债券乃至金融合约的交易和执行等。区块链 2.0 时代在货币市场去中心化后，对整体市场完成了去中心化，同时区块链技术的去中心化账本功能可以被用来注册、确认、转移各种不同类型的资产及合约。所有的金融交易都可以被改造成在区块链上使用，包括股票、私募股权、众筹、债券、对冲基金和所有类型的金融衍生品。

3. 区块链 3.0 时代——各种行业分布式应用落地

区块链 3.0 时代是超越货币和金融范围的泛行业去中心化应用，特别是在医疗、政府、科学、文化和艺术等领域。3.0 时代的区块链将彻底超越金融领域的应用，向社会生活各方面扩展，延伸到包括医疗、身份认证、公证、仲裁、审计、邮件、签证等社会治理领域。2018 年 9 月 13 日，蚂蚁金服携手复旦大学附属华山医院，推出全国首个区块链电子处方。

1.5 区块链技术的特征与价值

1.5.1 区块链技术的特征

1. 开放、共识

任何人都可以参与到区块链网络中，每一台设备都能作为一个节点，每个节点都允许获得一份完整的数据库拷贝。节点间基于一套共识机制，通过竞争计算共同维护整个区块链。即便任意节点失效，其余节点仍能正常工作。

2. 去中心，去信任

传统的信息集中在中介机构，而区块链技术信息被存储在每一台计算机上，决定了区块链的本质特征——去中介、多中心。区块链由众多节点共同组成一个端到端的网络，不存在中心化的设备和管理机构。节点之间数据交换通过数字签名技术进行验证，无须互相信任，只要按照系统既定的规则进行，节点之间不能也无法欺骗其他节点。

3. 交易透明，双方匿名

区块链的运行规则是公开透明的，所有的数据信息也是公开的，因此每一笔交易都对所有节点可见。由于节点与节点之间是去信任的，因此节点之间无须公开身份,每个参与的节点都是匿名的。

4. 不可篡改,可追溯

单个甚至多个节点对数据库的修改无法影响其他节点的数据库,除非能控制整个网络中超过 51%的节点同时修改,但这几乎不可能发生。区块链中的每一笔交易都通过密码学方法与相邻两个区块串联,因此可以追溯任何一笔交易的前世今生。

1.5.2 区块链技术的价值

区块链作为一种创新技术,颠覆了商业逻辑和运行规则。区块链分布式账本技术和共识机制,构建了低成本的互信机制,建立了"去中心化"的交易体系,实现了价值的直接传递,这有助于很多行业提高运营效率、实现业务场景的创新。如在金融领域,区块链不仅可以为支付、数字资产交易、智能合约保险等新兴金融商业模式提供底层技术支持,同时借助区块链构建低成本的生态信任体系,可大大降低金融交易成本、提高金融运行效率。

第 2 章 >>>
区块链技术赋能会员积分计划

除数字货币以外,区块链可以有针对性地赋能具有交换价值的有价标的物。会员积分计划就是其中一种。

2.1 会员积分计划简介

会员积分计划的建立源于会员体系,其本质是通过一系列的运营规则和专属权益来提升用户对平台的忠诚度,反哺平台的各项业务,将用户一步步培养为产品的忠实粉丝。积分是一种黏性工具,通过先消费后获赠的方式促进消费者重复消费。基于积分制的会员管理模式,不仅给消费者带来更多的消费激励,同时也方便了企业的客户信用度管理。

企业建立会员积分计划的目的主要是赢得客户、留住客户、增加业绩。因此,会员积分计划的建立是企业开展"以客户为中心"

全面细致的服务、强化客户关系管理的重要手段。会员积分计划目前已经成为最为广泛使用的客户关系管理手段。依据现有的会员积分计划，通常积分的形式和类型包括：消费得积分、会员促销、限时促销、商品促销、赠送积分/卡券、代金券等。众多企业的实践表明，会员积分计划在保持客户忠诚度、增加消费、促进客户关系等方面起到了重要作用。然而，会员积分计划的一个悖论是：一方面希望通过积分促进客户消费来增加收益，另一方面又不希望人们过度消费积分而增加成本。针对这一问题，不同企业也因而设计了形式各异的会员积分计划。

互联网技术得到普及、电子商务得到广泛应用以后，信息系统使得对于会员的管理，积分的累计、消费、计算等得到了有效的支持，会员与积分的管理效率得到大大提升。会员积分计划更多地以"系统"或"平台"的形式体现出来。

积分计划或积分平台的核心业务逻辑仍以会员积分计划为核心。

2.2 会员积分计划的业务逻辑分析

2.2.1 会员积分计划的现状分析

目前被广泛使用的会员积分计划大致有三种模式：企业忠诚度计划积分模式、通兑积分计划模式和积分联盟模式。表 2-1 是目前市场主流的积分平台情况。

第 2 章 区块链技术赋能会员积分计划

表 2-1 目前市场主流的积分平台

时间	近况	项目名称	虚拟币	运营公司	APP	O2O	赚积分	花积分	商业模式
2015.2	2015年5月更新	银联钱包	积分	银联	有	无	海南移动用户在移动体系的积分可按200:3的比例兑入	合作商户采取线下POS终端刷卡时1:1积分抵现	积分商盟
2013		神州运通	神州币	神州运通控股有限公司	无	无	积分兑入、购物返积分，神州币充值卡送积分，做任务赚积分	购物抵现、还信用卡、缴水电煤、兑换礼品、积分买保险	积分通兑
2012.12		集分宝	集分宝	支付宝（中国）网络技术有限公司	无	无	积分兑入、消费返利、任务赚取、卡密充值	购物抵现、缴水电煤、兑换礼品	积分通兑
2012		盛大积分	G分	盛大集团	无	无	积分兑入、彩票送积分、购物/游戏赚积分	兑换礼品、购物抵现、买彩票、积分贴吧	积分通兑
2011.3		QQ彩贝	彩贝积分	腾讯	无	无	网上购物、生活缴费、旅游出行	兑换电子优惠券	积分通兑
2008	2015年4月更新	万里通	积分	中国平安保险（集团）股份有限公司	有	有	积分兑入，购物送积分	积分抵扣电商消费；积分加现金抵扣线下消费券；积分买保险	积分通兑
2014	2015年4月更新	哇喔	喔米	苏州哇喔网络科技有限公司	有	有	积分兑入、购物/游戏赚积分，线下签到送积分	消费抵现、购买折扣券、棋牌积分输赢	积分通兑
2013	2015年4月更新	去兑吧	积分	湖南图瓜科技有限公司	有	有	购物赚积分	兑换礼品，消费抵扣	积分商盟
2011	2015年1月更新	兑兑碰	积分	中鼎博华投资有限公司	有	有	购物赚积分	兑换礼品、买彩票	积分商盟
2012.12		O2O财富联盟	积分	香港通用积分商务有限公司	无	无	购物赚积分	兑换礼品，消费抵扣	积分商盟
2014		未来城	网络黄金	未来城控股集团	无	无	购物赚积分	积分全球可兑换法币	积分商盟
2011		搜分联盟	积分	上海积分通信息服务有限公司	无	无	中行、东航、联通、东美、中银证券积分兑入，购物赚积分	缴水、电、煤费用，兑换礼品，积分买保险	积分通兑

1. 企业忠诚度计划积分模式

该积分模式的作用主要定位于提升客户忠诚度,增加会员黏性,行业大公司一般采用这种模式。在这种模式下,积分是成本中心,而不是盈利中心。

这种模式是典型的"核心企业"模式。图 2-1 为企业忠诚度计划积分模式,"核心企业"为了让用户更加有黏性,发展一批中小商户形成联盟,用户能够用积分兑换该企业商品或中小商户的商品,中小商户可以凭借积分向"大哥"兑现。国内现状是积分发行巨头一般均为垄断国企,缺乏变革动力。

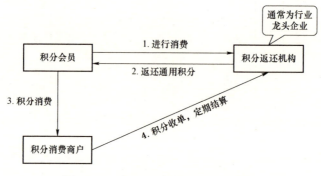

图 2-1 企业忠诚度计划积分模式

2. 通兑积分计划模式

通兑积分计划模式强调的是通兑和通用,各商家可以将自己的积分兑换成通用积分,而通用则是指该积分可以在不同的场景下使用。这种模式(见图 2-2)更看重的是积分的"货币"属性。积分互通最主要是掌握其中的汇率。

通兑确实是一个能降低成本、提高积分价值的思路。问题是如何把 A,B,C……平台上的积分都通兑到 X 平台上来,且这个信誉度如何保障。

针对单一电子商务平台来说,也可以抽象出一个 X 平台来完成这个通兑过程。关键是 X 平台的角色由谁来扮演的问题:运营商?还是第三方?

图 2-2　通兑积分计划模式示意

3. 积分联盟模式

一些不同领域的商家形成异业联盟,所有加盟商共同发放一种积分,该积分只能在联盟内流通,如图 2-3 所示。这一方面提升了客户的忠诚度,另一方面也起到了联盟内互相导流的作用。这种玩法更加适合于积分发行巨头之间的合作,传统的"大哥带小弟"模式无法运转。

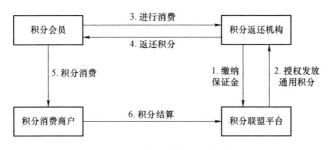

图 2-3　积分联盟模式业务流程示意

2.2.2 现有会员积分计划的问题

虽然各种会员积分计划在设计时考虑了运营过程中的众多问题，但仍然会在客户使用和商户使用中遇到一些问题。

1. 客户使用积分的弊端

（1）不易流通。现有的积分中心化的业务及技术模式，降低了积分消费场景的质量及积分流通的效率。如 A 商家"发行"的积分，B 商家不给予通兑。

（2）有效期限制。积分的使用往往会有一定的期限，过期自动清零。

（3）单一商家进行会员积分时，积分产生慢，使用途径窄。

（4）利用率不高。市场上商家打折卡繁多，同一消费者可能钟爱多种类型商家，但出门消费却不便携带多张卡。

2. 商户使用积分的弊端

（1）不易流通。积分无法转让、赠送，导致积分发行商家品牌传播十分有限。

（2）成本问题。商家希望通过积分提高客户流量，但又不希望积分带来成本。

（3）汇率问题。积分互通遇到的汇率问题不是一成不变的。如同一行业不同商户的积分如何分别定价？商户随着业务的发展，积分如何进行升值或贬值的调整？积分互换的汇率能否获得消费者的认可？同一联盟/平台积分都由其他商家流向 A 商家，A 商家的成本如何计算？

2.2.3 积分计划的改进方向

根据上述客户及商家在使用积分过程中存在的问题，其核心在于积分的交换，要改善积分计划必须从三个方面入手。

（1）什么样的积分可/适合交换？

（2）怎样引导客户认知和使用积分？

（3）交换模式及其应用场景是什么？

因此，首先要明确一点：增加任何一个需求，都是为公司的主业务、主功能服务的。积分兑换的痛点是没有把握住核心需求附属的次要需求，积分本质是用户忠诚度计划的一部分，用户忠诚度计划的目的，是把用户沉淀在自己的平台上，汇兑的结果是用户在多平台的流动，这在传统忠诚度计划中是不希望出现的；用户的流动，意味着用户有更多的选择，多出来的选择不仅仅是积分在哪里用的问题，还有为了获得积分，在哪个商家消费更划算的问题；积分是债务，之所以公司愿意用真金白银来做积分，就是为了用户沉淀在自己的平台上，而如果没有消费，通过汇兑集中起来的积分，对公司本身来说，是在没有收入的情况下多支出了现金。

2.3　会员积分计划的案例分析

2.3.1　会员积分计划的常见应用场景

基于互联网应用类别的增加，目前积分可以使用的场景多种多样，这里介绍 4 种主要的积分应用场景。

1. 工具类：蚂蚁花呗

蚂蚁花呗的短信通知功能是"支付"这个环节的延伸需求，是用户的一种"兴奋型需求"，就是把这个功能给用户，用户觉得开心；不给用户，也不会影响用户的产品体验。这种方式能完全融入到用户的需求路径中去，其激励方法比普通的积分消费方式更加有效，虽然这不是支付工具应该解决的事情，而是属于保险的范畴，但对用户来说就会有超预期的体验。基于这一点，我们可以想象的是，对于那些不经常使用支付宝的用户，看到这个积分兑换安全险的渠道（见图 2-4，蚂蚁花呗积分的兑换界面），会有意无意地增加其使用的次数，从而获得一份账户安全险。

2. 社交类：QQ

通过保持"在线"这种方式获取积分，然后再将积分用于 QQ 等级的提升（见图 2-5，在 QQ 积分界面可以查看自己的等级和权限）。等级高又有什么用呢？QQ 的做法就是等级越高，能够建立的 QQ 群越多，建立的 QQ 群的人数上限就越多。

图 2-4　蚂蚁花呗积分兑换界面

图 2-5　QQ 积分界面

QQ 也是把积分的消费渠道建立在用户需求的延伸阶段上面，低等级的用户也可以建群，而且也能满足大体的日常交流，不会影响基本的用户体验，这也是典型地把积分应用到"兴奋型需求"中的例子，把积分的获取、消费渠道完整地融合到产品的逻辑流程中。

3. 内容类：Pmcaff

对于内容类产品，最常见的就是 UGC（user generated content，用户生产内容）社区的形式，如知乎、Pmcaff 等。Pmcaff 是邀请机制，只有"认可"数和"喜欢"数加在一起超过 100 个才能拥有邀请码，用户只有尽量产生优质的内容，才能获取自己的"积分"（见图 2-6），然后再将其"积分"兑换成邀请码。对于 UGC 社区，要想让用户活跃起来的一个重要途径就是提升 UGC 内容的"质"和"量"，只有这样才能从根本上解决问题，在这个过程中，积分最初的目的就达到了，而且效果也非常好，所以能看出来，整个体系也是一样完全融入到用户的需求中。

图 2-6　Pmcaff 积分界面

4. 生活平台类：淘宝

淘宝积分来自用户的消费，而积分的一个用途就是可以直接抵扣消费金额，这个和传统的超市积分、信用卡积分比较像，淘宝的很大一部分用户之所以使用淘宝，就是因为对于某些对价格比较敏感的用户，积分直接抵扣消费金额是最实惠的方式，可使价格相对比较便宜。其实，淘宝积分除了激励用户活跃，还能在支付的时候给用户一点超预期的体验。

2.3.2 会员积分计划的经典应用案例

Drop、Points、Aimia 是目前国际上比较主流的积分计划，它们在使用积分加优惠券的运用中都具有可参考的经验，然而也存在一些有待优化的环节，以下将对这 3 个典型案例逐一进行介绍和分析。

1. Drop

1）Drop（其网址为 www.EarnWithDrop.com）简介

Drop 系统以千禧一代[①]作为目标客户,同时也是为那些饱受传统会员卡模式困扰的商户提供的用户经营服务。

Drop 系统将多个支付模式和会员模式统一到一个平台上来，对于用户而言，Drop 积分可以在多个商家会员中使用，同时不需要加入特定商家会员，用户还可以获得精准的推荐；对于商户而言，Drop 专注于帮助商户进行会员经营，不借助 POS 机就可以实现基于消费数据进行的市场和产品定位、分析、预测与精准营销。

目前,Drop 系统在加拿大的用户规模已经达到 75 000 人,其中 91%以上是千禧一代，56%是女性用户，且已产生 100 万积分，平均每个用户绑定了 3 张银行卡。强大的用户基础所产生的积分数据，使 Drop 可基于消费记录进行用户行为分析，对客户和商户进行双向支持。通过客户相互推荐和 Drop 积分奖励的方式来扩大客户群。利用数据分析帮助商户企业分析和设计目标与产品，并在正确的时间发现和瞄准正确

---

① 一般指 1984—1995 出生，2000 年时未成年。

的客户，捕获需求，精准营销。

Drop 的操作流程比较简单。首先，在其 App 中关联信用卡或借记卡。用户可以随时通过这些关联的银行卡进行消费，然后获得 Drop 积分。随后，用户可以使用 Drop 积分来兑换奖励（礼品卡或优惠券，如 1 000 积分换取 1 加元礼品卡）。一旦关联了 Drop 账户和银行卡，Drop 将收集用户的消费记录并奖励 Drop 积分。此外，Drop 可以通过机器学习来知晓用户的爱好，这样，Drop 就可以发现哪些奖励（优惠卡/礼品卡等）是用户想要的。在 Drop 上的操作流程如图 2-7～图 2-10 所示。

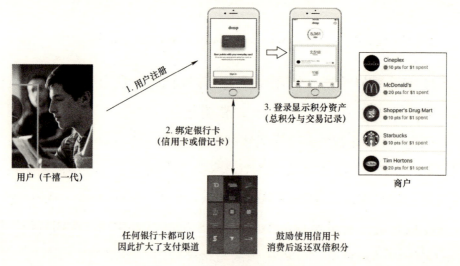

图 2-7　用户的注册与登录

Drop 是基于流量来经营盈亏平衡的模型，通过接入多个银行的支付渠道打通用户与商户之间的鸿沟，抓住客户源。采用"后向收费"模式盈利：① 利用用户源，吸引众多商户，从（外包）会员管理或每笔交易中获得商户佣金。商户佣金并非直接盈利。② 通过每笔交易向用户返还 Drop 积分，基于用户消费行为来促使用户使用积分而获得奖励并吸引用户进行再消费，从而增加商户的客户流量。③ Drop 积分转换

第 2 章 区块链技术赋能会员积分计划

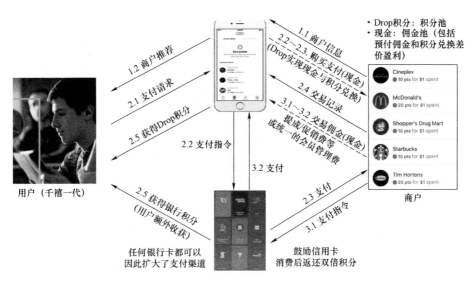

图 2-8 积分的获取

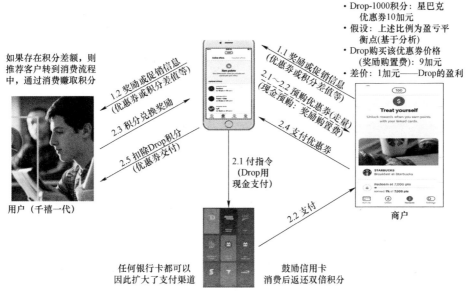

图 2-9 积分的兑换与奖励

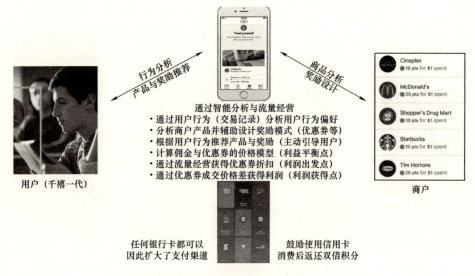

图2-10 积分促销（精准）

购买奖励（优惠券等）的工作由 Drop 使用佣金池中的现金完成，盈利点来自流量产生的奖励购置折扣的"商品消费佣金和奖励购置费之间"的差价。

　　Drop 系统的优点在于：统一平台，实现多种渠道整合和用户数据收集；数据分析系统实现用户行为分析、精准营销和盈利平衡分析；在上述基础上实现较好的流量经营，保证用户的数量和活跃度，商户黏性和用户黏性均较高；盈利模式不仅仅局限于传统的后向收费，而是基于用户流量的开发与业务行为的分析，并基于整个积分池和佣金池，寻找积分兑换过程中的总体赢利点（流量规模、薄利多销）；Drop 作为经营者参与整个积分业务运营，并通过有技术难度的平台保证其商业模式的复制难度，从而提升其竞争能力。相对来说，国内如"美团""饿了么"这样的商业模式简单而又无核心技术的项目，始终存在竞争风险或盈利困难。

2）Drop 积分优惠券运营中的痛点及其改进分析

（1）痛点 1：Drop 对用户个人支付信息安全的保障，有用户反映绑定卡不顺利（见图 2-11），影响用户体验[①]。

图 2-11 卡片绑定的报错信息

处理建议：不断修复系统 bug，主要修复用户体验方面的问题，提升用户体验，能更好地拉拢客户源，提高客户忠诚度。

（2）痛点 2：由于使用 Drop 一定要绑定个人卡，且有用户反馈 Drop 会将个人信息和账户的情况售卖给金融科技公司 Plaid（真实性有待考量）。

处理建议：与大众接受度较高的第三方支付平台合作，如 Paypal，让用户通过第三方支付平台进行支付，流言（如果变卖用户个人信息是假的）可以不攻自破，或者还可使用区块链技术。

（3）痛点 3：优惠券和积分相当于直接折价促销，利润很低；若活动失误且后期处理不当可能会起到反作用，引起用户的不满。

处理建议：测算整体活动的利润空间，把握好每个单品的利润。例如，优惠券的使用条件是满减，最好每个单品再加另一个单品才可以使用满减优惠券。

（4）痛点 4：Drop 积分有效期为一年，跟同行相同，没有亮点。

处理建议：积分有效期一年是定死的，但是设计优惠券的时候可

---

① https://fulltimejobfromhome.com/drop-app-review-is-earn-with-drop-a-scam/.

以"偷偷地"延长积分使用时间。例如，到年底还有很多积分没有使用，但是积分可以用来换成优惠券，优惠券是有使用范围和使用时间区间的，可以用这样的"偷换概念"，帮助用户的同时还能提升用户对公司的好感，提升用户的忠诚度。

（5）痛点5：Drop有相对成熟的会员体系，但是如何盘活现有会员与积分是Drop需要考虑的难点。

处理建议：可以增加绑定用户邮箱的选项，通过邮件可以将个性化的广告推送给用户，反复刺激并提醒用户，增强公司的存在感，刺激用户消费。

（6）痛点6：目前积分不能共享，用户的积分是独立的。

处理建议：开放家庭共享积分卡，但限制共享成员上限，这样既能维护自己的利润也能很好地管理用户数据，与此同时，能扩大用户范围，用户积累积分的积极性和可能性也更高。

（7）痛点7：获取积分时间太长（5天），而其他大部分积分App可以做到即刻记录。

处理建议：系统应即刻给用户积分，具体的演算由内部慢慢处理，如果给用户的积分有误，可以进行后期的调整，过5天再给用户发放积分有些慢。哪怕做不到即时发放，5天也有些久，应该尽可能地缩短时间，可采用聚合支付。

2. Points

1）Points（其网址为www.points.com）简介

Points是一个第三方积分交换平台。通过这个平台，可以实现不同常旅客计划之间互通有无。平台所具有的主要功能包括管理积分、交换积分和购买积分。目前支持积分互通的主要航空计划有 AA、US、夏威夷航空、阿拉斯加航空、亚洲万里通、哥伦比亚航空、加拿大航空、捷蓝航空、边疆航空；酒店主要是优悦会。值得注意的是，这个互通有无的价值，除了手续费以外，其他都不是官方设定的，而是各个商家自己制定的比例。

用户可以直接添加已经持有的常旅客计划（见图 2-12），对自己所有的积分里程一目了然（见图 2-13）。

图 2-12　将常旅客计划添加至钱包

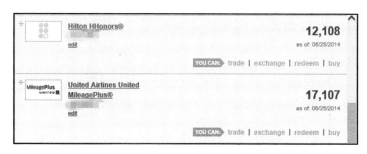

图 2-13　添加后显示各类积分情况

用户可以用自己所持有的积分去交换自己想要的积分。在菜单（MENU）中选择兑换（Exchange），就可以看见积分交换操作界面（见图2-14）。具体规则是只有拥有足够的余额，才能进行交易。这种交换虽然需要支付一定的手续费，但比直接买更为划算，用于临时应急还是很不错的。

图2-14　积分交换操作界面

用户可以进行精确查找（见图2-15），搜索后系统会列出目前所有与所要查找的积分兑换有关的交易（见图2-16），可以根据兑换比例和手续费来进行选择。如果对搜索结果不满意，也可以自行创建交易（见图2-17）。

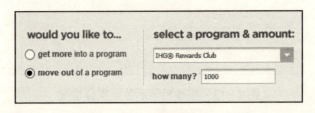

图2-15　精确查找界面

第2章 区块链技术赋能会员积分计划

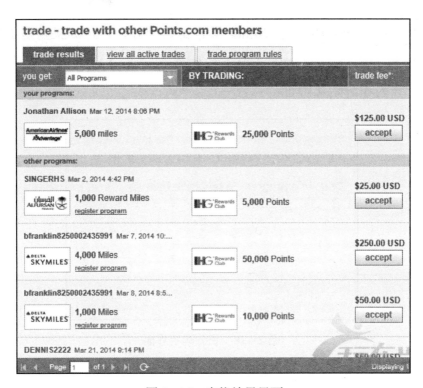

图2-16 查找结果界面

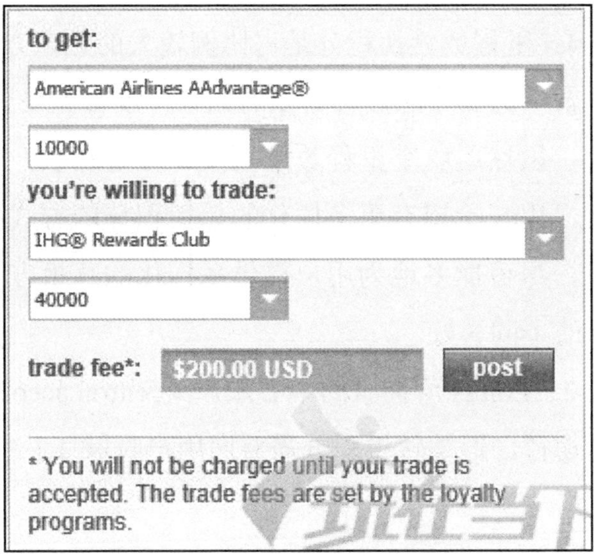

图2-17 自行创建交易信息界面

航空公司和酒店通过 Points 平台销售积分，用户如果持有旅行消费多倍积分的信用卡，在这个平台购买积分是不计入旅行消费的。图 2-18 为积分购买界面。

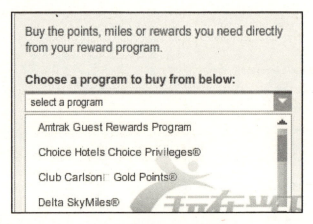

图 2-18　积分购买界面

2）Points 积分优惠券运营中的痛点及其改进分析

（1）痛点 1：里程数兑换积分是占比例较大的兑换方式，用户需要持续不断地更新里程数才能拥有更多的积分，没有更快更便宜的方式。

处理建议：虽然用航空里程数来兑换积分是初衷，但基于用户体验的反馈来看，用户希望有更多样化的兑换积分的方式；建议在控制成本的前提下，尽可能多地为用户提供多样化的兑换方式，从而满足不同用户人群的不同喜好。

（2）痛点 2：Points 所拥有的中心账户（central account）提供了积分随意转换的途径，但是转换积分需要向用户收取 1.1～4.0 美分/英里的手续费。

处理建议：如果不提倡随意转换，可以限定兑换积分的限额。例如，每日每个账户只能转换 3 000 积分，每周最多只能转换 4 次等；如若公司提倡（或无所谓），则可以给单笔或累计有大额积分转换的用户一些优惠，现在让利小部分给用户可能将来会吸引更多的用户使用。

（3）痛点 3：转换积分的途径让部分合作商户不满意。积分是各个商户用来巩固自己的顾客的，通用积分让合作商户认为丧失了巩固顾客的初衷，那为什么商户还要加入？

处理建议：在该部分让商户有"亏损"，就在别的地方让商户"得利"，抓住不同商户加盟的初衷进行有针对性的"返利"。例如，被转走较多积分的商家将会在广告版面增加该商户出现的频率。总之，抓住商户的"弱点""心动点"，进行有针对性的"返利"，实现双赢。

（4）痛点 4：包含的忠诚度计划（loyalty programs）还不够全面，用户拥有的一些积分无处兑换。例如，用户在 KLM 拥有多余积分，希望能兑换成礼品卡，但是现有的忠诚度计划中不包括这家公司；同样，在积分交易（trade points）的选项中也不存在该公司，导致这些积分变得毫无用处[①]。

处理建议：寻求更多的合作伙伴，完善项目名录（programs list）。Points 可以为合作伙伴提供基于用户行为数据分析的商业决策，同时在网站上为新合作伙伴进行广告宣传，以此来吸引商家与其建立长期合作关系；为更多的公司之间"牵线搭桥"，增加交易积分的可能性，Points 可以通过用户行为分析预测用户兑换积分的可能性，以此联合相同或不同行业之间的积分，便于用户兑换。

（5）痛点 5：积分价值太低，兑换礼品卡需要大量积分，无法调动用户购买或兑换积分的积极性。例如，要兑换一张价值 10 美元的 Amazon 礼品卡，需要的积分如下：

---

① https://www.doctorofcredit.com/credit-cards/rewards/points-com-review-legit-scam/.

- Alaska Airlines Mileage Plan: 2,942 points；
- China Rewards: 6,942 points；
- Icelandair Saga Club: 2,615 points；
- MeliaRewards: 2,315 points；
- S&H Greenpoints: 10,696 points。

经过换算，所有选项的每一点积分都不值 1 美分，最低的仅仅为 0.093 美分。

处理建议：通过邮箱给用户发送调查问卷，询问用户对积分价值的心理预期，根据用户期望提高积分自身价值，使积分兑换条件在用户眼中更具合理性，从而刺激用户为多集积分进一步消费。此举会增加成本，但从长远来看可以有效刺激消费，最后增加盈利；通过允许亲人、好友合作积分，积少成多，同时对邀请的新用户绑定平台进行奖励。

（6）痛点 6：在交易积分时，Points 平台提供的选项是按照时间先后排序的，导致最新最优惠的兑换方式被压在最后。例如，用户希望退出 American Airlines Advantage 的项目并用其中的 10,000 miles 兑换成其他项目的积分，搜索结果会先出现 1,000 IHG miles for 3,000 AAdvantage miles（3:1）或 1,000 miles for 5,000 miles（5:1），而最后出现 10,000 IHG miles for 6,000 AAdvantage（3:5）。

处理建议：在用户搜索时就为用户筛选出最优惠的选项，并以优惠力度由强到弱排序；此外，允许商家竞价以获得信息置顶的权利，以此增加额外收入。

（7）痛点 7：用户购买积分时需要先绑定商家账号，从 Points 平台上链接到商家的官网，然后再进行购买，流程复杂，用户体验不佳。

处理建议：在 Points 的官网上创建可以直接购买积分的网页，让用户以最快捷的方式获得积分，随后 Points 代替用户在商家官网上进行支付，相当于 Points 这个第三方平台先收取用户购买积分的费用而后转给特定商家，这样可以节省用户时间，也便于数据的统一记录与管理，同时还能避免 Points 先向商家购买积分却不能全部卖出的问题。此外，Points 可以经过一天的积累，集中不同用户的需求量一次性向商家购买，如果量多就可以获得折扣而赚取差价，这样就不会失去差价这一盈利点。

（8）痛点 8：Points 平台上只有少量商家允许客户进行里程与积分之间的兑换，无法完全满足用户需求。

处理建议：鼓励各个商家开通里程与积分之间的兑换，使用户拥有更多的选择与自由，从而提高用户的积极性；鼓励不同行业联合推出忠诚度计划，在不同的项目提供通用的奖励，用户仅需参与其中一个忠诚度计划就能获得奖励，其中参与联合的公司可以获得新顾客，并在现有顾客群的基础上巩固其忠诚度①。

（9）痛点 9：有用户反映 Points 平台没有电话，邮件也不及时回复，导致用户丢失里程或积分的问题无法得到解决。

处理建议：完善售后服务，开放电话热线及时为用户解决问题；建立 Facebook 账号，与用户实时沟通，及时听取用户反馈尤其是不满和建议，以便及时为用户解决问题并不断完善自身。

3. Aimia

1）Aimia 简介

Aimia 是创建于加拿大魁北克的一家企业，主要业务是营销与客

---

① http://www.traveldaily.cn/article/67936.

户忠诚度分析,可以为客户提供忠诚度策略、规划开发和管理服务。2018年1月,Sainsbury收购了其在英国的业务(包括在英国完全独立运营花蜜忠诚计划所需的所有资产、职员、系统和许可证)。在Aimia平台上可以实现兑换的主要包括在加拿大和中东的飞机航空里程。Aimia平台以SaaS为基础,并通过分析,提供智能购物解决方案。

2)Aimia积分优惠券运营中的痛点及其改进分析

(1)痛点1:大牌合作伙伴单一(Aimia超过75%的里程积分是通过加拿大航空换取的),一旦失去标杆客户就会导致更多合作伙伴陆续退出的状况[①]。

处理建议:以提供用户数据分析咨询与广告宣传作为吸引点,寻求与更多知名公司合作的机会,并与其建立长期合作关系。同时通过大牌合作伙伴吸引小型商家,增加产品与服务的多样性。

(2)痛点2:由于里程兑换的单向性明显,造成飞行频次较低的客户活跃度不高,里程也被大量沉淀,里程累积的销售导向作用并没有得到很好的发挥[②]。

处理建议:一端连接航空忠诚度计划,另一端连接大旅游行业和生活方式消费,为旅客提供个性化的旅游指南,通过高频的吃喝玩乐场景消费来帮助航空公司的常旅客会员累积里程(借鉴迈生活)。

图2-19为Aimia积分消耗分析。

---

① http://www.traveldaily.cn/article/114788.
② http://www.traveldaily.cn/article/110338.

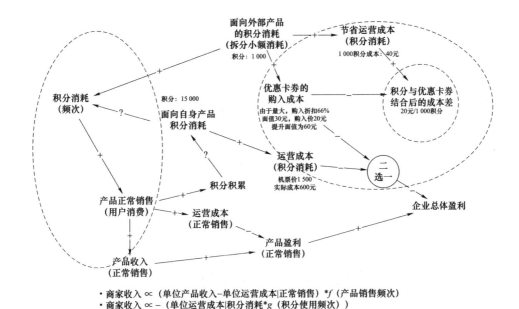

图 2-19 Aimia 积分消耗分析

2.4 基于区块链的积分计划之会员积分计划

2.4.1 积分计划设计要点

1. 分解产品功能

分解产品功能的目的是了解产品提供了一些什么样的功能,帮助随后进行用户行为分解,找到主要的鼓励行为。例如,用户级别直接与交易额挂钩,不同交易额对应不同的级别。级别越高,能享受的利益相关服务越多。

2. 分解、识别用户行为

对于用户行为或用户可进行的操作进行细化分解，具体地分解细化到用户的每一个不同操作。在这里需要注意的是，对用户行为（操作）的分解，不仅仅要从产品价值的角度去思考，还要从用户的角度去思考，看看在这个产品上用户所有可能进行的操作。一些负面的、不希望发生的操作经常会发生，在分解的时候不能忽视。

3. 根据产品及时间需要对行业进行分类评价，确定鼓励程度

对用户行为进行分解后，可以得到一个详细的行业列表，再根据产品的需要，对这些行为进行分类和评价，给予每一个操作"鼓励程度"的评分，这个评分可以帮助后面进行详细的分值设计。鼓励程度可以用正负值表示不同的激励方向，用户数值多少表示程度大小。

4. 根据鼓励程度，结合实际确定积分加分值及其限制

针对每一类客户的积分获取行为，在确定其所对应的积分分值的时候，均需要考虑避免出现用户可能的"刷分"行为。要对这种行为进行一定的限制，不然积分计划就很难起到有效的激励作用。可采取的措施有：① 合理地设置积分释放（清除）点，规避用户一味地积攒积分而不去消费或兑换；② 设定合理的积分兑换规则，降低兑换商品成本的同时也能让用户觉得兑换得物超所值。积分即优惠券，积分达到一定值时，即可在订单中进行减免，提高用户愉悦感。

5. 积分计划的阶段性调整

根据产品的发展周期，需要对积分计划进行阶段性的调整。在不同的时间段，用户可能来自不同的行业，所以需要在不同的阶段对积分计划进行一定的调整。特别是当产品进行了大规模的功能调整（增加或删除功能等），更需要调整积分计划使其与产品发展保持一致。

图 2-20 为积分获取和消耗点分析。

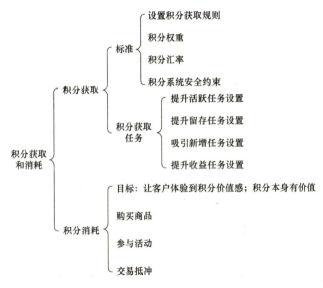

图 2-20 积分获取和消耗点分析

2.4.2 积分计划定位

图 2-21 为积分计划平台架构，一般包括业务平台和技术平台。

积分计划的实施一般会有两个阶段（见图 2-22），在第一阶段中：
① 支撑平台的易用性是基于业务平台的有用性，同时前者保证了后者

可用。② 交换平台打通积分（各业务货币），仅仅提供了类似的"支付渠道"。③ 让用户感知积分之间有可交换的价值（有用性），需要从积分关联的业务入手，即让用户感知在业务操作时可用到的其他积分（可用其他积分来支付/通过交换获得优惠），或者业务之间的关联性功能（设计显化功能）让用户可以关联使用业务并通过积分来引导用户使用（积分交换）。通常，积分交换平台不直接面向用户，而是作为业务互动的支撑平台，类似于支付宝，在支付场景下协助用户实现积分交换与支付。

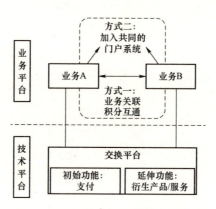

图2-21　积分计划平台架构

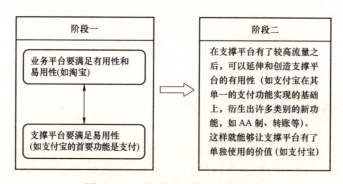

图2-22　积分计划的实施阶段

2.4.3 积分计划特色

1. 产品创新的业务模式："积分-优惠券"的场景化推送

1）设置日常生活场景

根据 App 的定位功能，可以推算出用户的主要喜好店铺，甚至是生活区；可以将同区、同城甚至周边城市（自驾 2 小时左右车程）的相关热门店铺推送给用户；主要是根据用户的消费行为，分析出用户的消费习惯；在周五推送相关的店铺给用户，一是可以帮助商家推销，二是可以为用户周末的出游提供一定的参考（周末一般不上班，有些人会有出门短程游玩的打算）；用户可以在相关 App 内选择"游玩推送"或"日常推送"，若是"日常推送"，如果过于频繁地推送附近的店铺，过度的"热情"会造成用户（特别是上班族）的困扰，所以可以选择定时发送。如在 11:30，午休开始时（这个可以让用户设定自己的午休开始时间，在用户方便的时间点推送），推送昨日 App 内附近最火的一家餐厅、饮料店、甜品店等餐饮店铺；然后在下班时间可以再多推送一些娱乐项目的店铺；再晚一些的时候推送夜宵店；一切的推送都从用户的个人喜好出发，做到"因客户施推送"，努力做一个贴心的 App；甚至如果用户这周（月）熬夜次数太多，还可以推送温馨提示类的信息。

2）设置特色旅游场景

若某用户打算去 A 国旅游，他在搜索栏中输入该国名称，相关 App

即根据历史记录找出用户最常选择或给过好评的航空公司，按照价格与服务排序列出选项以供用户选择，同时给出每个选项可得积分并开始推送相关卡、券，如去往机场或在 A 国接机的出租车的优惠券（可同时帮用户定好车，告知用户车牌号）；飞机餐的优惠券（若用户选择廉价航空，机票中不含餐）；机场免税店的优惠券；一定时限的 VIP 休息室使用权（对非 VIP 用户有较大吸引力，要求积分较高，可刺激用户购买价格较高的机票）等；用户购买完机票后，App 可以向用户推荐 A 国景区与游玩项目的门票（可为用户订制旅游攻略，根据用户喜好提供不同的景点与项目组合），当用户选定景点与项目后，App 可以开始推送前往景区的交通工具（观光巴士、地铁、游船等，可以优先推送有特色的交通工具）的优惠券及该景点附近的餐厅或小吃店优惠券（向用户推荐当地特色与当季食物，探访小型店铺或个体户寻找小众且富有特色的地方，为其带来客源的同时降低自身优惠券成本）。此外，用户选定景点之后，App 向用户推荐最适合用户的酒店（交通方便，与各个景点距离适中）并推送酒店附近商铺的优惠券。

App 在整个过程中充当用户的向导，引导用户按照一定的顺序完成整个行程的制订；在旅游途中，App 可通过追踪用户位置，在用户进入某一商铺时向其推送相关优惠券。位置相近的商铺可以联合起来，如购买某一家的奶茶可以获得对面礼品店的优惠券等，引导用户去探索不同的店铺，刺激用户消费。而这些优惠券可以通过 SMS（short messaging service，短消息业务）发送给用户，因为有调查显示，在兑换时，51.5% 的智能手机用户更愿意向收银员出示优惠券。此外，消费者还认为推送通知比短信更具有侵入性，这是 SMS 优惠券更受欢迎的另一个原因[①]。

---

① https://www.retaildive.com/ex/mobilecommercedaily/sms-based-coupons-are-the-most-preferred-mobile-coupon-type-report.

2. 多方收益的运营模式:"商户–客户"的让利与受益

在节假日期间消费部分指定商品可获得双倍积分(并提前在移动端推送告知);利用积分在节假日购买与(部分)节日相关的产品可获得优惠。例如,平时 100 积分兑换一个月饼,中秋节 70 积分即可兑换一个;购买商家的节假日限定款可获得双倍积分(可以帮助商家推送新产品,对商家有吸引力)。

向用户征集关于 App 的使用介绍、优惠券推荐或兑换积分的建议和意见,帖子被采用者可以获得高积分奖励;在每次更新 App 之后用户的首次打开中显示更改教程,提示用户各种新功能或更改的部分,让顾客使用起来更得心应手。

每两周推出一个积分换购主题活动,几个主题循环,使得错过之前活动的用户还有机会参与下一次的活动。循环过程中可通过后台数据掌握消费趋势,适当延长受顾客喜爱的一些换购主题,通过不断创新、提取好的换购主题,让整个活动平台更加丰富多彩。

通过消费者行为分析,针对不同的用户为卡券定制加价,向其推出比其他平台价值更高的优惠券(可适当给高净值用户更大的优惠力度)。高出的价值作为成本内部消化,只要收入大于成本还是可以实现盈利的。

根据忠诚度的高低向老用户提供奖励,如注册超过一年且过去交易额达到一定额度的用户可每次交易获得1.5倍积分,超过两年则获得2倍积分;对于消费额不高但有增长趋势的用户也可以进行积分奖励以刺激消费。

3. 基于场景的交付模式:基于用户喜好与位置的推送

用户可以选择一个行程,应用程序通过访问数据库推送相关的景点门票和酒店。当用户选择了推荐的景点门票和酒店后，应用程序可以进一步推荐周边服务，并根据用户的积分信息来推荐相应的周边商家优惠券。最后，用户使用后，数据存留在数据库中并不断积累，逐渐形成根据用户喜好来推送他们喜闻乐见的积分优惠券的模式（见图 2–23）。

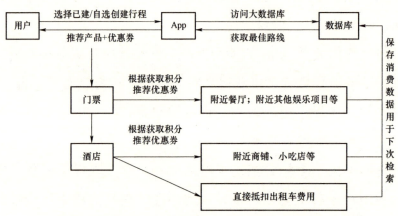

图 2–23　根据用户喜好推送的积分优惠券运营模式流程图

也可以采用时下较为普遍的实时 LBS（local base service，基于地理位置的服务）模式（见图 2–24）。应用程序追踪用户的实时位置，通过访问历史数据库了解用户喜好，以此推送相应的商家优惠券。用

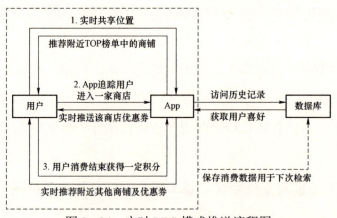

图 2–24　实时 LBS 模式推送流程图

户在实际消费获得积分之后，应用程序会再推荐附近的商铺并发放优惠券。与此同时，后台数据库保存用户的消费数据，支持未来的优化推荐。

2.5 积分会员系统的新型支撑模式：积分优惠券的做市运营

某航空公司积分优惠券的新模式参考了 Drop 和 Point 的模式，利用外部相关中小商户优惠卡券成本来降低内部积分运营成本。即通过业务相关性，向中小商户引流，快速消耗客户积分，提升积分使用价值，降低积分成本。通过提高积分消耗频次和使用价值，提升客户对大商户业务的复用可能性。通过中小商户与大商户的互补，打造会员积分的生态系统。通过这一模式，企业可以实现两方面盈利：① 利用降本差价及收入增量来收取大商家费用——复杂的动态模型；② 利用积分交换来收取中间交易费。

基于这个新模式，打造面向全行业的新型积分平台，运营方作为平台生态中的"做市商"，盘活各种积分与优惠券。做市商即在市场不活跃的情况下，利用手中的大量资源（积分、优惠券，以及利用充足的资金在初期囤积各种积分和优惠券）来支持客户的各种交换需求，并进一步促进商家积分和优惠券的流通，从而使得市场逐渐繁荣。以下对新型积分会员体系的运营模式进行详细描述。

2.5.1 新型积分初始阶段的运营与盈利模式

新型积分计划的接入以该航空公司产品系列的积分为主，卡券体系接入以其中小型的合作商户为主，二者业务互补。系统中新型积分模式的定位是，将上述两者分割在积分运营商的两侧，一侧为客户（航空公司的客户），一侧为中小商户。

在接入初期时，不同业务的积分由航空公司的各个业务板块平台管理，积分已发放给客户。优惠卡券在初期均由中小商户发出。新型积分平台整合内外部相关业务，形成"轻量级商业门户"。

通过新型积分平台（跨两端，见图 2-25），进行客户行为收集与分析、卡券精准推送与积分消费、盈利结构分析等，进行后向收费。通过新型积分平台（客户侧），实现客户手中积分、卡券的"自由"交换。实际上，新型积分平台通过区块链技术、大数据分析技术和撮合算法来控制合理的交换，规避"黄牛"恶意囤积积分导致的某些危险状况，并收取交易中介费。

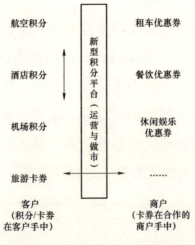

图 2-25　新型积分计划的运营

2.5.2　某航空公司积分计划的战略定位

某航空公司积分计划旨在通过"积分运营"逐步整合其各类业务（航空、酒店、机场、旅游等），提升集团优势。将"积分平台"打造为集团的战略核心之一。具体通过"区块链技术""大数据分析技术""商城门户"，促进该公司的降本增效、开源节流。系统交付时包含三层结构（见图2-26），即业务、商城、交换（包含做市推荐和自由交换）。

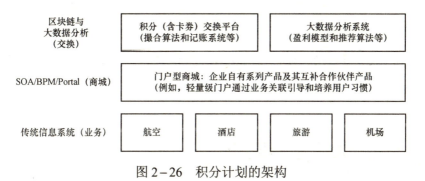

图2-26　积分计划的架构

新型积分计划是在充分借鉴现有的会员积分计划的经验并规避现有问题的基础上，以区块链作为核心技术，实现有价标的物交换的新型会员积分计划，其构建与实施值得期待。

第 3 章 >>>
区块链技术赋能全域智慧旅游

3.1 国内外旅游市场与旅游科技创新概况

3.1.1 国外旅游产业年度回顾

2018 年全世界体现出旅游业的蓬勃发展势头。其一，健康的宏观经济环境促使人民消费水平提高。其二，激烈的航空业竞争降低出行成本。其三，经济的健康发展将促使商务旅行的需要。其四，人民的消费需求也正在经历由追求物质生活向追求精神体验的转变。

1. 酒店业：个性化体验与共享空间

根据德勤出具的 2018 年旅游业发展预测报告（Langford & Weissenberg，2018），2018 年酒店的数量由于旺盛的商业旅行和旅游度假需求的驱动，有望保持 5%～6% 的增长速度。但是在部分传统旅游业较为发达的城市，酒店从业者仍然应该注意来自市场中新型供给方所带来的压力。例如，纽约的酒店数量相比 2008 年已经增加至 634 个、115 000 个房间，涨幅约为 55%（这其中很大一部分是来自 Airbnb 平台上私人住宿提供者）。

2018 年，在所有传统酒店类型中前景最为看好的是中型酒店。这是由于旅行手机应用的普及，当代消费可以轻松比较各种私人住宿和传统酒店。面对多样化的选择，消费者更愿意追求更加独特的体验。自然，酒店也应该迎合这种需求。相较于高档奢华的酒店，中档酒店做出改变的成本更低，如店面升级；此外，中档酒店也只需雇佣更少的员工参与酒店运营。一些具有前瞻性的酒店已经做出了大胆尝试，如将奢华的酒店体验打包入价格更加亲民的套餐中，对酒店装潢进行现代化的改造，围绕食物和酒水进行创新，以及增设共享区域。

关于共享区域的讨论，《经济学人》杂志于 2016 年也做出了分析。由于工作时间和娱乐时间的划分界限对于新一代的商务旅行者来说已经变得模糊，所以针对商务旅行的旅客，酒店应该为其提供社交娱乐的场所。在这一领域已经有酒店做出尝试：2016 年 3 月，位于法兰克福的 Libertine Lindenberg 为旅客提供了群体烹饪体验和群体慢跑体验。位于阿姆斯特丹的 Citizen M 连锁酒店增加了户型小但是配备有大容量起居室的套间。

2. 航空运输业：投资助力技术升级

2018 年，伴随着燃料价格的下降，运输容量的紧缩，新兴商业策略的崛起，以及行业整合，航空业得以遇见机会实现跨越。而这一跨越的起点始于对基础设施和技术的投资。

在基础设施方面，许多美国航空公司已经宣布增加对机场升级、跑道升级、机上便利设施（包括新型座椅、机上 WiFi、储物能力）升级的投资计划。这一切都是为了满足旅客对于飞行体验更高的期待。

放眼中国，2018 年 1 月 15 日，民航局发布《机上便携式电子设备（PED）使用评估指南》（以下简称《评估指南》）指出，开放机上 PED（笔记本计算机、平板计算机、电子书阅读器、手机、视频播放器和电子游戏机）使用的条件已基本成熟。从 2018 年 1 月 17 日起，春秋航空、东方航空、海南航空相继响应民航局的"号召"，率先开放飞机上手机的使用。民航局的《评估指南》下发，并且已有航空公司开始实行，这意味着中国空中 WiFi 行业已经扫清了设备使用的障碍。

在科技创新方面，从抵达机场到安检候机再到登机抵达的漫长过程一直饱受旅客诟病。但是航空业又不得不依赖线上/线下预约值机，机场飞机登机口配合协作，包裹运输等一系列子系统构成的复杂航空管理系统。而这一系统一直饱受拥挤而低效的协作过程、天气和设备的意外情况、复杂的地勤系统等一系列问题的困扰。现在一系列新技术包括物联网、机器人、3D 打印、零件跟踪的出现有望变革这一现状并提升旅客满意度。

（1）空中机身问题检测与识别：针对中程航线，在飞机即将到达目的地机场时，机上工作人员可提前将需要检修的机上部位通知地面工作人员。

（2）请求式供应链管理：根据收到的对于机身零件替换的申请，在飞机尚未降落前，地面工作人员可运用 3D 打印技术，提前制作飞机替换零件。

（3）互联自主的跑道运输系统：自动化的机器人可以完成从 3D 打印部门到飞机所在登机口的飞机替换零件的运输。

（4）互联互通的工作人员：通过为地面维修技师装备智能显示眼镜，方便其从云端下载所需要的参考文件。通过互联网即时通信，身处总部的工程师可以借由管道镜检修降落在世界各地的飞机。

此外，在旅客服务方面，人工智能助理配合更自动化的机场设施，将大大改善旅行体验和旅行效率。例如，人工智能助理将会存储旅客登机牌并自动处理状态更新，如进行安检和办理酒店入住等一系列工作。在任何环节上的延迟都将自动报告给相关的酒店、汽车租赁公司等其他服务商。电子护照和智能签证也将把旅客从排队中解救出来。

综上，一个以各方协作、私人订制为基础，以提高效率、改善体验的一站式旅游平台正在兴起。

3. 餐饮业：战略创新直面竞争

随着现代人工作时间的延长，更加丰富的就餐选择，便捷的外卖送餐服务，使得越来越多的人选择在外就餐。随之而来的是餐饮行业更加激烈的竞争，这就使得一些新的战略创新势在必行。

其一，为客户创造与众不同的就餐体验。

其二，为员工建立企业认同感。

其三，决胜餐饮配送。

与此同时，值得注意的一点是，基于 Certify（一款旅行手机应用软件）提供的数据，尽管餐饮业竞争激烈，但在速食连锁餐厅中，星巴克在早餐方面，麦当劳在午餐和晚餐中的绝对市场占有优势自 2013 年后就再也没有被动摇过。

4. 地面交通业：价值流动远超计价路程

如果航空运输业、酒店业和目的地服务供应商是旅游产业的核心，那么地面交通业将是串联三者的桥梁。而线上打车和顺风车平台的出现及无人汽车驾驶技术的兴起又为地面交通业的变化带来了新的可能性。

根据一份来自 Global Business Travel Association（GBTA）的调查结果显示（Economist，2017），公司雇员使用线上打车如 Uber 和 Lyft 的次数自 2016 年 6 月以来已经增长 15%。其原因包括：便捷、高质量的服务及低成本（Economist，2017）。其中更加低廉的交通成本是推动其快速发展的主要原因：2016 年第四季度 Uber 的平均使用成本是 24.75 美元，Lyft 为 24.99 美元，而出租车则高达 34.62 美元。

按从出发地到目的地距离计价是最显而易见的商业模式，但是地面交通业的价值链条远不止于此。地面交通业的价值链条包括：争取客户与制造需求，价格与促销管理，客服服务，车队运营与管理，车辆购买，车辆重复销售与回收利用。这其中又牵涉一系列公司与企业，包括线上打车和顺风车平台、技术支持公司、租车公司、车队管理供应商、原始设备制造商，以及供应链上的不同商品服务提供者。在这样一个完整的自动化生态圈中公司的角色定位至关重要。

3.1.2 国外旅游市场发展趋势

1. 建立广义旅游生态圈

即使酒店业和航空业是旅游业的核心，但是根据《经济学人》2017年的调查显示，越来越多的商务旅行者愿意将商业旅行延伸为旅游度假，那么以 OTA（online travel agency，在线旅游商）为代表的旅游服务提供者就应该有信心整合资源，拓展业务，建立广义旅游生态圈。

此外，不仅局限于 OTA，酒店作为另一个平台也可以提供更多旅游体验。如面对人们健康意识的日益觉醒，酒店也在健康养生领域积极探索，包括健身、健康饮食、按摩（SPA）、工作场所健身、非传统医学（养生）、美容及抗衰老。

另一个潜力巨大但经常被忽略的市场便是旅游活动。事实上，旅游活动上的支出约占旅游总收入的 10%（Langford & Weissenberg，2017），OTA 和酒店应该主动把握机会将旅游活动整合成为数字化旅游的一部分。正如前文中提到的 Priceline 和 Airbnb 所做出的尝试。但是这一市场也存在固有缺陷：布局分散，缺乏行业标准，以及数字化程度低。如何实现数字化转变和形成规模效应是重点突破的方向。

2. 依托数据的私人订制服务

旅游行业的私人订制服务就是通过与客户之间产生互动，收集客户的行为数据，制订私人订制服务，聆听客户需求，进而为旅客赋能；建立以旅客为中心的服务体系，维系公司与旅客之间的人际互动。其中涉及的五个主要环节如图 3-1 所示。

（1）与旅客互动。本着尊重旅客的原则，以友好、正式的方式与旅客互动。如在旅客抵达目的地时主动问候他。

（2）了解旅客。存储旅客的个人喜好记录，主动预测旅客的需求，从而为旅客提供适合其需求的产品和促销信息。

（3）取悦旅客。为旅客制造出乎其意料的惊喜时刻，使旅客难忘甚至在社交网络中分享这一段经历。航空公司和酒店也可以根据旅客丰富的数据，提供给旅客诸如打车折扣或目的地旅游景点门票等客户忠诚计划。

（4）聆听（守护）旅客。关心旅客所处环境的状况，设想旅客的需求。如通过电子标签技术（RFID），航空公司可以在旅客降落时通知其托运行李所在位置。通过保持联系，提升旅客的安全感。

（5）赋能旅客。为旅客赋能就是基于旅客及时准确的信息帮助旅客做出决定，重视他们的反馈并及时处理，从细节处着手。如当航班延误时，不是通过短信通知的形式而是采用重新预订机票的选项或及时更新航班动态信息。

图 3-1　私人订制服务流程图

在技术上，客户数据分析技术则更是为大规模私人订制服务的实现带来了曙光。客户分析是指凭借与客户行为有关的数据，通过市场分类和模型预测的方法帮助实施商业决策。客户分析大致可分为三个部分（见图 3-2），即客户数据收集、客户数据分析和客户数据应用。其中客户数据的来源包括专业客户数据平台，企业积累的历史数据，行业相关杂志订阅者信息，积分会员信息及抽样调查。数据分析的方法则主要分为市场分类和模型预测两种。其中市场分类可分别通过人口统计学分类和地理信息分类实现直接市场推广，客户互动管理和公司开拓业务时的地点选择。通过建立预测模型，可以帮助企业维系与客户之间的联系及产品定价。

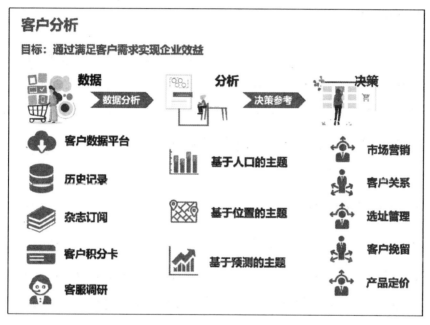

图 3-2　客户分析流程图

3.1.3　国外旅游产业科技创新

国外旅游相关产业应用的科技创新主要包括以下几个方面。

1. 人工智能

人工智能是一系列正在崛起的技术，如虚拟助手、大数据背后的核心科技。旅游网站可以利用人工智能为计划出行者提供学习资料并推送私人订制的结果，机器学习可以为旅游从业者提供与其业务相关的结构化数据，如照片、视频、社交网站数据和自然语言处理。

2. 物联网

如果有一把可以根据旅客焦虑程度、体温、肌肤水分程度自动调节的飞机座椅，物联网通过传感器设备结合个人喜好可以为客户提供真正的订制服务。基于网的概念，物联网可以沟通航空公司、酒店客房和智能房屋，在旅游业真正做到宾至如归。

3. 语音识别技术

语音识别技术与人工智能技术密不可分。因为语音识别技术改变了旅客与供应商之间互动的方式，因此旅客的搜索、购物、沟通方式或许都将因此改变。此外，一旦语音识别技术在自然语言处理上取得突破，数字管家或将从个人住宅走进酒店客房。

4. 机器人技术

自动化是依据预先编译的程序，通过软件与硬件的结合，进而降低人力成本，简化工作流程。机器人技术的发展或将使机器人在旅游业承担更多台前和幕后的工作。此外，在未来，无人驾驶汽车的普及或将改变地面交通的方式。

3.1.4 区块链在旅游产业的应用

区块链技术最广泛的应用在于金融业,这是因为作为一种媒介手段,区块链技术可以有效解决点对点(P2P)价值交换过程中身份识别的问题。事实上,区块链技术的应用前景十分广阔,在未来或许能将其影响力从金融业扩大至旅游业,包括流媒体在线分配、忠实会员计划、旅游协议签约及支付方式变革。

1. 客户忠诚计划

区块链使得交易分类账(a ledger of transactions)可以在一个由利益相关者组成的网络内被共享:当一笔数字交易产生(如一个忠诚积分被发行、赎回或交易),一个由算法产生的独特印记将会附着于这笔交易记录上。印记被打包进入网络,并立刻使每一本分类账得以更新。新的交易记录因此被证实为有效并连接上区块链,这无疑大大增加了这一交易平台的安全性(Kowalewski,McLaughlin & Hill,2017)。

对客户而言意味着可以使用不同的奖励方式,即不同公司和行业的客户忠诚计划打包进同一个数字化钱包,从而真正实现互联互通。忠诚积分可以被实时兑换或转移给亲友(ATPI,2017)。

在这一领域已经出现勇敢的先行者——Loyyal。

2. 智能合约平台

区块链的出现就是为了取缔中介,去中心化,进而消除市场失灵。然而,如今旅游业是一个集中的市场。三大全球分销商(Sabre,Amadeus

和 Travelport）占领了供应商和旅行社之间的分销环节。两大在线旅行社（Priceline 和 Expedia）旗下有许多品牌，控制着在线预订市场。互联网巨头 Google 在收购 ITA 软件公司后拥有了自己的航班预订引擎。

不仅如此，供应商也呈现寡头态势。万豪国际、洲际酒店集团、希尔顿酒店集团旗下几乎囊括了全球知名酒店品牌；美联航、达美航空、美国航空也瓜分了北美的航空市场。然而旅游业的高度集中使得每笔交易都要承担额外的费用，供应商之间的价格竞争被不合理地削弱。

Winding Tree 通过以建立在以太坊基础上的智能合约技术，将供应商与销售商连接到同一个市场。供应商将房源、机票信息和价格输入数据库，销售商即可轻松获取信息，并选择是否立即购买存货。所有交易都将自动完成，无须人工操作（Winding Tree，2017）。

3. 航空旅行保险

德国一家名为 Etherisc 的创业公司开发了一款基于以太坊（ethereum）智能合约的 App——Flight Delay。一旦航班延误或取消，智能合约能确保自动且及时支付保险金。

3.2　典型在线旅游商的案例分析：携程旅行网

携程旅行网是中国旅游业中第一家在美国纳斯达克上市的公司。创立于 1999 年的携程旅行网（以下简称"携程"）的总部设在中国上海，下设北京、广州、深圳、香港四个分公司，并在全国二十多个大中城市设有分支机构。

起初,携程创始人梁建章将携程定位为"服务型电子商务"。这种电子商务在 B(企业)与 C(客户)之间搭建了一个 B 的中间平台,而在这个平台上流转的不是商品与实物及电子货物,而是信息与服务。

随着公司的发展,携程已经不再是简单的服务型网站,而是朝着"传统行业整合者"的目标发展。整体来讲,现在携程的模式属于 OTA。

3.2.1 携程的主要业务

(1)酒店预订。携程拥有的酒店预订服务中心,能为会员提供即时预订服务。携程不仅能为会员提供优惠房价预订,更在主要酒店拥有大量保留房。

(2)机票预订。携程拥有全国联网的机票预订、配送和各大机场的现场服务系统,可以为会员提供国际和国内机票的查询预订服务。

(3)度假预订。携程倡导自由享受与深度体验的度假休闲方式,能够为会员提供自由行、团队游、订制游、高铁游、自驾游、邮轮游、保险、签证等全系列的度假产品服务。

(4)商旅管理。商旅管理业务面向国内外各大企业与集团公司,以提升企业整体商旅管理水平与资源整合能力为服务宗旨。依托遍及全国范围的行业资源网络,以及与酒店、航空公司、旅行社等各大供应商建立的长期良好稳定的合作关系,携程充分利用电话呼叫中心、互联网等先进技术,通过与酒店、航空公司的互补式合作,为公司客户全力提供商旅资源的选择、整合与优化服务。

（5）旅游资讯。旅游资讯是为会员提供的附加服务，主要是线上交互式网站信息与线下旅游丛书、杂志形成的立体式资讯组合。

3.2.2　携程的盈利模式

1. 主要盈利模式

携程是一个线上旅游代理机构，代理全国的机票、酒店、景区、路线预订、保险及旅游产品。这些商品没有库存，没有成本，携程作为渠道商通过给酒店和航空公司做网上销售来获取中间的佣金、返点（轻资产运营）。

跟酒店刚刚开始谈合作，酒店不会轻易把自己的房间信息给一个陌生的公司，因此携程必须展示自己公司的实力及资源，更重要的是能给对方带来什么。携程通过吸引庞大的用户资源和强大的市场推广能力，实现了预订房间的大幅增量，这样的成功模式很快被复制。合作的酒店越来越多，用户也越来越多，最终形成了很好的良性循环态势。同时，在实际预订操作上，携程开发了"实时控房系统"和"房态管理系统"。"实时控房系统"可让携程预先在酒店留出一些房间，"房态管理系统"能够跟所有会员酒店实现信息同步。通过这两个系统，客户通过携程预订房间，携程能够立即确认。这样，合作酒店成为携程货架上出售的商品，同时其庞大的电话呼叫中心预订服务也确保了其预订的服务规模及服务质量。

根据携程的盈利模式（见图 3-3），供应商向携程输出产品，其中包括酒店客房、机票和旅游度假等产品，并附有出厂价（价格 P_1）。

产品进入携程后要进行深加工,即重新定价(价格 P_2)、产品研发(研发费 I)和产品销售费用(销售费用 S)。

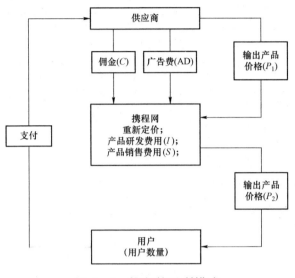

图 3-3 携程的盈利模式

重新定价:如果市场处于激烈竞争阶段,则携程在重新定价中会采取降价措施,因为这样会吸引更多的新用户和留住老客户,但 P_1-P_2 部分需要携程利用自己的现金回补给供应商。

产品研发:携程通过对用户行为的调查和理解,将这些不同类别的产品以不同的形式组合在一起以满足不同用户的需求,这只是产品研发的一种简单手段。更多的案例可以参考携程官网首页的礼品卡等产品。

产品销售费用:作为公司为扩大知名度所付出的成本,目的是吸引更多用户在携程网消费,常见手段有在百度和谷歌提高关键词搜索排名等。

用户在携程网购买产品后,产品的供应商需要按一定比例支付给携程网佣金,这也是携程网几乎全部的收入来源。此外,还有广告费收入,即供应商在携程网投放广告所交纳的费用。

携程的价值在于掌握了供应商和客户双边的资源,一手是其网站拥有全国数十万的会员,另一手是与全国数千家酒店和所有航空公司建立的合作关系。它掌握了客户,也掌握着供应商。它的盈利来自庞大的会员卡客户群体,虽然会员卡客户群体不用交费,却是获得庞大利润来源的前提资源。携程通过这些客户群体可以向酒店和航空公司取得更低的折扣以获取中间佣金。

在图3-3中,商业模式的主体为携程供应商和用户,图中体现了业务流程、信息流和资金流。

携程的盈利公式:$B_{携程网}=(C+AD)-\{I+S+(P_1-P_2)\}$

供应商盈利公式:$B_{供应商}=P_1-C-AD$

式中:AD为广告费;C为佣金;P_1为出厂价格;P_2为重新定价;I为研发费;S为销售费用。

2. 其他盈利来源

携程其他的盈利来源包括以下几种。

(1)在线广告费用。

(2)携程是一个旅行社,它能够独立操作很多地方的团体旅行,而且对于旅行社这种重资产行业投入非常巨大。如收购香港的永安之后推出的携程香港citytour,然后在海南推出海南citytour,仅线上大巴就有上百辆。还有易到用车和一嗨租车等打车领域,同时重金入股了同程和途牛等同行企业。携程通过旅行包机、打包服务赚取旅行社利润,并且这些项目本身的营运也会产生盈利,这些都属于重资产运营。如表3-1所示。

表 3-1　携程主要资产

● 携程旅行网（香港）有限公司 ● 鸿鹄逸游 ● Joint Wisdom 由慧评网和携程北京中国软件酒店信息系统有限公司在内的几个关键子公司合并而成 ● 驴评网 ● 铁友网 ● 途牛旅游网 4.6% ● 众信旅游 5.07% ● 艺龙 38% ● 去哪儿网 43.8%	● 同程网 30% ● 香港永安旅游 100% ● 台湾易游网 50% ● 北京众荟信息技术股份有限公司 69.92% ● 北京海岸航空服务有限责任公司 ● 首旅酒店 14.47% ● 中国东方航空 3.2% ● 上海大都市旅行社 100% ● 上海益商网络科技有限公司 35% ● 快捷酒店管家 33% ● 众安在线保险 5%。 ● 途风旅游网 ● 途家网	● 香港华闽旅游 100% ● 一嗨租车 19.96% ● 华住酒店集团 9% ● 印度 MakeMyTrip 26.6% ● 上海携程翠明国际旅行社 ● 上海华程西南旅行社有限公司 ● Happy City ● 天海邮轮 70% ● 英国 Travelfusion ● 中国古镇网 ● 蝉游记 ● 松果网 ● 太美旅行

（3）携程独家发行了预付礼品卡，如任我行和任我游，让用户充值购买预付卡，还有旅行产品的打包和供应商模式，都会产生各种账期。据资深人士推断，这些预付礼品卡可以用来作为衍生金融工具，通过金融运营获利。其实，用户完全可以和酒店通过携程网取得联系后双方再进行直接交易，重新分配携程所应得的中介差价而避开携程网。而对于机票预订费，航空公司也在开通自己的网上订票业务，避免损失中介所分得的那一部分利润。基于以上这些因素，携程网开始利用它所掌握的旅游资源提供更多具备更高附加值的服务，如自助度假业务就将机票和酒店业务整合在一起并获得了更高的利润。从它的发展方向来看，互联网对它而言只是一个信息和资金的流通平台，更多的利润还是来自线下。

因此，携程的利润模式（见图 3-4）简单来说，主要是一边笼络庞大的会员，一边向酒店和航空公司获取更低的折扣，然后获得中间佣金的模式。

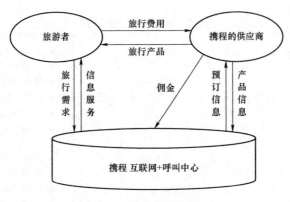

图 3-4 携程的利润模式

3.2.3 携程的商业模式

1）携程的资源整合模式

携程对航空公司、旅行社、酒店等资源进行整合。

2）携程的营销模式

（1）合作营销模式。如与招商银行合作发行"招商银行携程旅行信用卡"，此卡兼具招商银行信用卡和携程商旅贵宾卡的双重功能。

（2）搜索引擎营销。在搜索引擎策略上，携程不仅将搜索引擎看作是一种广告方式，同时从品牌角度去考虑营销策略。

（3）数据库营销。通过创建能使企业在最佳时间以最佳的方式把信息发送给最需要这些信息的群体，以取悦用户、增加每单位营销费用的反应率、降低取得每个订单的成本，开拓市场并建立增加企业利润的可预测性的模型，再利用这个模型来对所存储用户的询问、用户的希望及用户的疑问等有关的详尽的最新信息的数据库系统进行实时管理，以使企业能够区分出高反应率的用户，从而达到建立一种稳定的、长期用户关系的目标。

3.2.4 携程积分的商业模式

携程发放的积分主要能够用来在积分商城兑换礼品和机票邮寄服务。

携程积分商城提供的礼品多是由异业商家提供，这是为了更好地满足用户日益增加的多元化需求。通过相关合作，能提升用户感受，同时也能扩大合作方在用户中的宣传，进一步提升用户对合作品牌的认知度，挖掘潜在客户，促进销售额提升，最终实现共赢。

携程与合作方将以资源置换的模式达成合作，即携程以自有的营销资源置换合作方的商品资源。合作方先免费向携程提供赞助品（电子券或实物商品），携程根据赞助资源的品类及数量将开展不同的积分形式合作，在用户参与活动及兑换商品时，于活动中可推广合作方的品牌并促使会员转化。

具体合作方式有以下几种。

1. 兑好礼（常规兑换区域）

根据赞助品的市场价格拟定相应积分档位后，将赞助品上线于 PC 端/手机 App 端积分商城常规兑换区域，供携程会员兑换（为吸引用户参与兑换，相应的积分档位设定一般会低于商品市场价格，具体可双方商议)。

合作需求：可接受电子优惠券、实物等不同类别的商品，对商品价值要求不高（实物类商品价值须超过 15 元/件），数量要求较多，能支持长期在线兑换。

2. 赢大奖（积分活动）

携程积分商城每月定期在 App 端开展不同主题的"小积分搏大礼"活动，会员通过下注小额积分可参与活动抽奖赢得大奖，每月参与用户可达近百万人次。

合作需求：接受数码、家电、家纺等实物类商品，对商品价值有较高要求（千元以上），赞助数量 20 个以内（具体商品可商议）。

3. 限时抢兑（积分活动）

携程积分商城每月定期在 App 端开展不同主题的"限时抢兑"活动，会员通过消耗积分可在限定时间内参与抢购，活动日均 PV（page view，页面浏览）量近 10 万次（兑换所耗积分远低于相应商品的市场价格）。

合作需求：可接受电子优惠券、实物等不同类别的商品，单品价值要求不低于 100 元且有一定市场品牌影响力（可合作采购）。

4. 成交专享活动（联合携程主营业务部门共同开展活动）

将赞助资源作为回馈携程用户成交某业务的奖励，供会员成交业务后专享积分兑换。

合作需求：可接受电子优惠券类商品（形式可商议），单品价值要求不低于 30 元且有一定市场品牌影响力。

携程的积分消耗并不会使得携程增加支付成本。携程在积累大量的用户数量之后，可将其作为资本与其他商户交换优惠券或实物，进行资源置换，实现用户导流和积分成本的降低。

3.2.5 对携程的分析

1. 相关概念：整合、聚合、融合

从业务或平台的角度，其形式有几种不同的类型：整合、聚合与融合，其概念相似又有差异，以下进行具体的辨析。

1）整合

"整合"的基础词义是把一些零散的东西通过某种方式衔接起来，从而实现彼此之间的资源共享和协同工作。其主要的精髓在于将零散的要素组合、集成在一起，并最终形成有价值、高效率的一个整体。基于此，本书将"整合"定义为：在不改变别人业务本身的前提下，将这些业务按照某种方式强制性地整理、合并，衔接形成固化的、静态的组合（类似 Gatekeeper）。

2）聚合

"聚合"的基础词义是将零散的东西聚集在一起，有一种容纳或包含的关系。基于此，本书将"聚合"定义为：在不改变别人业务本身的前提下，将这些业务按照一定规则分类聚集起来，衔接形成灵活的、动态的组合（类似 Gateway）。

3）融合

"融合"的基础词义是把几种不同的事物融解后，再合成一体。基于此，本书将"融合"定义为：为了更好地运营业务，对别人的业务进行改造/改变后，再将这些业务整合或聚合在一起（类似 Portal）。

表 3–2 为三个概念的比较。

表 3–2　三个概念的比较

概念	含　义	特　征
整合	不改变业务本身的前提下，按照某种形式将这些业务衔接成固化的、静态的组合	机械；标准化；紧密协作
聚合	不改变业务本身的前提下，按照一定规则分类聚集起来，衔接形成灵活的、动态的组合	自由；灵活；松散耦合
融合	对别人的业务进行改造/改变后，再将这些业务整合或聚合在一起	对业务本身进行改造

三个概念的侧重点如下："整合"的业务之间关系是固化的，没有替代选项，具有排他性，表现为一种唇齿相依的关系，也可称之为强聚合，整体和部分是不可分的，两者的生命周期一致。例如，桌子与桌子腿的关系，且桌子腿之间需要按照一定的规则排列。"聚合"的业务之间关系是灵活的，是类与类之间的连接，同类业务之间可以选择最适合的业务，整体与部分是可分离的。例如，飞机场与飞机的关系，不同的航空公司在符合规则的前提下，可以在飞机场上自由运营。"整合"与"聚合"都是在不改变业务本身的前提下进行的组合，而"融合"则是对业务本身进行了改变与调整后，再进行的组合。

2. 携程的模式分析

依据整合、聚合、融合的含义与特征,携程在自身业务运营上侧重于整合,而积分运营介于聚合与整合之间。

携程在对旅行社、各航空公司的机票、酒店等经过筛选后才能进入携程平台,然后携程按照一定的规则将这些业务组合在一起,在用户发起订单之后,推送给用户。例如,用户购买从北京到悉尼的机票之后,携程会推送给用户特定的 A 酒店优惠券,而用户没有选择酒店的权利。也就是说,如果用户想使用酒店优惠券,只能去 A 酒店,若想去 B 酒店,该 A 酒店优惠券对用户而言就没有价值。因此,携程在自身业务运营上侧重于整合。

积分兑换是携程在与合作商户达成协议后,商户将优惠券给携程,由其提供给用户,用户再去商户那里消费,而用户并不参与积分运营。同时,用户在积分兑换的时候能在同类产品之间选择,既可以选择 A 电子产品兑换券,也可以选择 B 电子产品兑换券,相对灵活。因此,携程积分运营介于聚合与整合之间。

3. 整合、聚合、融合的场景运营与示例

由于融合是对业务本身进行改变与调整后再进行的整合或聚合,因此,本书着重分析讲解整合与聚合的场景。聚合是在平台企业引导下,由海量商家自发汇集形成的平台。整合是平台企业通过自身整合能力聚集商家形成的平台。

作为典型的聚合型平台,天猫商城在继承淘宝流量的基础上,分化出自己的开放商城,商城汇集了从淘宝中成长出来的淘品牌,以及一些外来的品牌商。此时,天猫的形态更像是商家汇集的自由市场。

在天猫商城里,平台对商家实行较为松散的管理,虽然进驻商家的标准不断提升,但准入政策依然很宽松。在天猫平台上,除了商家,还活跃着大量第三方服务商,如建站、营销推广、认证及物流服务商等,这样的平台更像是物种汇集的生态系统。聚合型平台从一开始就是按照生态系统演化思路运作的,平台上的商家具有生物性,而不是机械性。

苏宁易购和京东是非常典型的整合型平台。整合型平台虽然开放,但门槛非常高,苏宁易购平台是只有厂家直供和区域总代理才能加入;京东是只有品牌所有者、与品牌直接合作的总代理才能加入。表3-3为对整合与聚合平台的比较。

表3-3 整合与聚合平台的比较

	整合	聚合
示意图	注:A、B、C、D是商家	注:A、B、C是商家;T是第三方服务商
管理模式	准入门槛较高,第三方服务商非常少,卖家的大部分需求由平台企业提供。 平台与进驻商是紧密协同的关系。平台通过积累自己的能力,形成一定标准来整合上下游商家,最终实现无缝协同,从而提高供应链效率,提升消费者体验	准入政策较为宽松,对进入平台的商家管理松散,除了商家,还活跃着大量第三方。整体氛围较为自由。 整合不是其长项,而物种共生与演化是其生存和进化之本,效率优势不够显著
盈利模式	① 紧密的协作关系,一般不采用广告收费。 ② 由于物种单一,平台对企业的服务趋向标准化,所以收费往往还是以佣金为主	① 管理松散的海量商家,便于用广告作为盈利模式的有效手段 ② 平台与企业的服务关系灵活,往往更灵活的各种服务费。如天猫就其提供的数据分析、建站等服务收取相应的技术服务费

续表

	整合	聚合
用户体验	更多地依靠平台企业本身的能力来提升用户体验。例如，在苏宁易购平台上，进驻商对于用户体验的影响，远不及平台的配送和服务的影响	侧重于将进驻商和第三方服务商作为支点，通过提高其满足用户需求的能力来提升用户体验
物流	为卖家提供统一的物流配送和售后服务，从用户体验上来说，能够统一服务标准，避免一些第三方物流和厂家自身配送与售后服务不到位；从效率上来说，可以形成物流和售后服务的规模效应，降低整个平台的成本	可以采用第三方物流配送
特点	凭借强大的效率，统一掌控的物流等服务体系，实现对成本和效率的控制能力及强大的用户体验满足能力	平台上海量商品和商家能够满足消费者各种长尾需求，平台在卖家创新方面更有活力
痛点	鉴于供应链的优势和规模效应能有效降低成本，整合型平台热衷于价格战，让消费者趋之若鹜。但从长远来看，价格战将不断削弱平台上供应商的造血能力，使平台生态环境趋于恶化	相对松散的聚合型平台在进化中的一些规则漏洞屡屡为买家所质疑，如某些平台上假货一直屡禁不止。如何通过有约束力的规则建立良好的市场秩序是其不断碰到的问题。还有，随着入驻企业越来越多，第三方提供的配送服务短期内无法解决配送效率和顾客体验的问题，成为聚合型平台发展的又一瓶颈

4. 场景运营中的轻、重资产概念

1）轻资产：用有限资产，获取最大收益

通俗地讲，就是最少地占用自己的资金，获取最大的利润。更倾向于指企业的无形资产，包括企业的经验、规范的流程管理、治理制度、与各方面的关系、资源获取和整合能力、企业的品牌、人力资源、企业文化等。如某些服装品牌只负责设计，将品牌管理及营销渠道、物流、生产外包给其他公司做。由于不用自己出钱建厂，不需要占用自己太多的资金，这种运营模式就是轻资产。

2）重资产：指企业所持有的像厂房、原材料等有形的资产

重资产运营的优势：资本、技术投入大，门槛高，运营模式不易被效仿，易形成行业寡头垄断，产生规模效应。企业资产往往代表对客户的承诺与保证，"有恒产者有恒心"，重资产更有利于让客户树立信心。企业的固定资产投入较大，产品更新后需要更新生产线，资产折旧率高，如大多数机械制造企业。由于生产线需要不断更新，折旧率高，并且新产品研发费用高，更新生产线投入大。

重资产运营的劣势：占用大量的资金，机会成本的耗费太大。一旦转产或资源使用不足会有导致大量损失的风险，容易形成大量固定成本——折旧摊销费用。以较大的资金投入，获得较少的利润回报，利润率较低。后续投入大，不断发生更新、维护的相关费用。同时经营上的"瓶颈效应"，使得企业如果想继续获得更大的规模、效益，就必须再次增加大量的资金投入，业务运营不够灵活。

3）资产运营

重资产运营是相对轻资产运营而言的。所谓轻资产运营模式，是指将产品制造和零售分销业务外包，自身则集中于设计开发和市场推广等业务；重资产运营则是反其道而行之，自行进行制造和销售。

轻资产运营案例：投资建设万达广场，全部由他人出资，大连万达集团股份有限公司（以下简称"万达"）负责选址、设计、建造、招商和管理，仅使用万达广场品牌和万达全球独创的商业信息化管理"慧云"系统。该广场所产生的租金收益由万达与投资方按一定比例分成。这是一种全新模式，万达从2013年开始研发，现在正在运行使用中，这就是万达轻资产模式。

重资产运营案例：万达商业地产的主要产品是城市综合体，这种产品模式就是建设一个大型万达广场，旁边配套建设一些写字楼、商铺、住宅等，将配套物业进行销售，用销售产生的现金流来投资持有万达广场。因为中国没有支持长期不动产投资的金融产品，所以万达只能以"售"养"租"。万达广场建成后自己持有经营，全部租金收益归万达，这种模式即重资产运营。

3.3　区块链技术赋能旅游行业变革分析

3.3.1　区块链赋能旅游共享经济

1. 区块链契合共享经济的原因：去中心化

回顾过去的 20 年，商业模式已经在潜移默化中发生了重大转变——从由大型运营商主导，消费者只能被动接受且服务选择类型有限的中心化经济，到大型运营商汇聚资源以供消费者主动选择的去中心化经济。去中心化经济又被称作共享经济。互联网巨头如 Google、Facebook、Airbnb、百度、腾讯、阿里都应用了共享经济的商业模式：依赖用户所创造的价值为平台本身增加价值。

尽管互联网平台建立的初衷是为了助力个人发展与中小企业成长，免遭行业巨头倾轧，但随着互联网巨头的崛起，互联网平台最初实现资源公平分配的愿景最终沦为价值分配不公平的现状：由平台使用者所创造的价值被中介（平台）截取。

然而区块链的降临，将真正驱逐中介，还利于个体。因为区块链将确保平台的运营不再依赖中介服务商，而是存在于个体与个体相互连接的网络（customer-to-customer network）。区块链将赋能个体与其他个体直接建立联系，并匹配个体所需要的服务和其他个体所能供给的服务，最终实现独立的自我管理。综上，由区块链赋能的去中心化经济才是真正的共享经济。

2. 区块链赋能共享经济的方法：声誉管理

区块链为共享经济赋能的方法在于身份与声誉管理——使得个人通过绑定历史行为与身份认证为自己的信用背书。

虽然共享经济的基本商业模式在于通过沟通需求与供给使资产使用效率最大化，这一模式在技术上的可行性基于相应的标签匹配模型，但确保个体积极配合从而实现这一模式则依赖于重构信任。因为在共享经济中，供给者与消费者之间的信任程度越高，供给者越乐于提供共享服务，需求者也越愿意尝试共享服务。

1）痛点

（1）信息回复速度：等了这么久怎么还不回复我？

在选择某项服务前，顾客往往先咨询供给者的背景信息，但往往并不能得到来自供给者的即刻回复。声誉管理可以大大缩短等待时间，对于顾客而言，声誉管理甚至将取代咨询环节。

（2）信息可获得性：对方是好人吗？服务可靠吗？

无论对于供给者还是消费者，针对对方素质的担忧都存在。

就消费者而言，仅仅依赖评论和图片来决定是否下单，往往导致真实体验低于期望水平。因为针对评论的篡改和虚假评论几乎困扰着所有在线平台的信息管理。而区块链作为一种可追溯、防篡改的新技术而言，无疑将大大提高信息的真实性。

就供给者而言，考虑到消费者的恶意使用可能破坏其私人信誉，往往会导致其主动放弃一些订单。

（3）支付安全与效率：收入怎么还不到账？

在预约某项服务时，顾客往往被要求全额支付费用。此外，每次预约新服务时，顾客需要重复输入支付信息。但是供给者往往并不会立刻收到营业收入，而是需要等到服务结束之后。

区块链技术将通过安全储存支付信息和智能合约的应用以确保支付安全并缩短收入到账时间。

2）解决方式

上述痛点产生的原因是对于信息真实性的质疑，然而区块链作为去中心化的分类账，不仅可以记录金融数据，同样可以记录个人信用数据，即依托区块链建立跨市场、绑定社会信用记录的诚信档案。因此，通过确保信息的真实性同时缓解个人对于共享服务安全性的焦虑，声誉管理将使得越来越多的人愿意尝试共享经济，进而使得共享经济商业流程更加安全、优质、高效。

以C2B2C旅游体验平台的商业流程为例，分析利用区块链在各个环节积累优势，从而构建更加安全、高效的平台。表3-4为区块链赋能前后对比。

表3-4 区块链赋能前后对比

	现行传统流程	区块链赋能后
预订	● 人工输入政府背书的身份信息 ● 体验参与者根据图片和在线交流选择服务 ● 体验达人根据评价记录和交流选择客户	● 政府背书身份信息，验证后储存 ● 消费者和供给者得以依据验证后评价做出决定

续表

	现行传统流程	区块链赋能后
支付	● 人工输入支付信息 ● 成交后才释放订金	● 安全储存支付证书绑定身份信息 ● 依据智能合约条款及时释放订金
反馈	● 参与者和达人互留评价 ● 评价者身份难以追溯 ● 负面评价可能遭到删除 ● 水军评价降低评价质量	● 评价者身份公开透明 ● 评价权限绑定交易记录 ● 评价可溯，不可删除篡改

3.3.2　区块链赋能旅游创意经济

1. 区块链契合创意经济的原因：价值网络

创意经济（creative economy）指人们利用创意使想法诞生价值，可以表现为知识产权，也可以表现为艺术作品与文化服务。因此，3.2 节中为旅游达人所提供的体验服务与音乐、知识产权类似，也属于创意经济产品之一。第一代互联网、数据网络，大大降低了获取信息的成本，从而使创意产品等得以迅速传播并催生了网络平台的诞生。现在，区块链技术的出现使得互联网完成了从数据网络（Internet of data）向价值网络（Internet of value）的演化，这是因为区块链技术的实质是一本记录价值的去中心化账本。由区块链赋能的价值网络为解决创意经济传统痛点——数字化（无形）资产保护带来了希望，因为即使数据网络便于创意的传播，但却无法保护被数字化内容的价值。以音乐为例，数据网络使得数字化的音乐以低成本的方式被传播，无限复制但同时却无法为原创者带来经济上相对应的回报，最终伤害了音乐人创作的积极性。

2. 区块链赋能创意经济的方法: 维护创意原创者的权益

如上所述,区块链赋能的价值网络使得创意经济的核心由互联网传播平台回归价值的真正创造者——艺术家与消费者。具体而言,区块链赋能的五种助力,包括智能合约、C2C透明交易平台、动态竞价、碎片化议价、声誉管理,将构建一个维护艺术家权益的新型平台。因此由区块链守护的价值网络将通过保证创作者(体验达人)的权益,激发其创作(开发新的体验项目与旅游资源)的热情,最终赋能创意经济的良性发展。

1) 维权技术: 智能合约

智能合约旨在维护包括体验达人在内的艺术家的数字版权,按照创意诞生过程中的贡献公平地分配营业收入。

相较于智能合约,传统合约不仅因为大量专业词汇而显得晦涩难懂,而且只赋予艺术家对于自身创造内容的少量话语权。相反,智能合约可以将作品所有权和利润分配内置为计算机代码,一旦条件满足则自动履约。当然,这里的作品不仅包括有形的摄影照片、视频电影,也包括3.2节提及的由体验达人开发的无形的旅游体验。

2) 维权技术: C2C透明交易平台

去中心化使得区块链技术应用的领域天生具备社会属性,即创意作品可以为他人所用。但是在共享的同时,又应该如何维护创作者的权益呢?区块链将计入所有相关标的艺术品的交易活动,包括使用者和使用费用并确保作品原创者的(体验项目的原创体验达人)身份信息可追溯且不可篡改,从而为有形或无形创意作品的估值提供依据,搭建透明的个人与个人间交易平台。

3）维权技术：动态竞价

创意作品作为一种无形资产，其价值往往难以确定，因此创意作品的定价应该随着市场需求的变化而浮动。而区块链可以记录被授权使用创意作品（参与旅游体验）的用户的身份信息，因此艺术家（体验达人）可以根据需求变化灵活设定其作品价格。从长远来看，动态竞价将使得艺术家（体验达人）在面对网络平台时获得更大发言权。

4）维权技术：碎片化议价

区块链技术使得创意作品中的某一部分在被引用时也可以被定价，即碎片化定价。例如，当电影预告片中需要引用某首音乐中的一个片段时，制片单位只需要按照最小计价单位，对被引用部分进行付费。类似地，当忙于工作的年轻人由于休闲时间紧张，无法完成全部体验内容时，可以对体验中的某一项目进行付费体验。碎片化议价使得创作者获得报酬的方式更加灵活，相对于网络平台的地位也更加独立。

5）维权技术：声誉管理

区块链声誉管理使得创意产品的内容与创作者身份信息和消费者身份信息绑定。因此声誉管理将有效震慑创意作品市场中的不良行为，如盗版、抄袭等，促进创意产品的创作；此外，声誉管理也将加强消费者（体验参与者）与创作者（体验达人）的联系，灵活订立智能合约。

3.4 基于区块链技术的全域智慧旅游创新建议

3.4.1 赋能创新：时间与个人

1. 赋能时间：代替货币实现价值尺度和交换媒介功能

在旅游成本不断降低，旅游服务越发多样的今天，旅游过程中还有一个不可或缺的要素——时间。如何帮助消费者获得旅游的时间是核心问题。

首先，除了日常起居之外，在时间分配方面，抑制消费者旅游的还有两个部分——工作需要和家务需要。针对工作需要，如果通过把基础性工作无限拆分并外包，可以解决泄露工作内容、商业机密的问题。虽然针对简单重复的低技术性工作固然可以诞生工作互换的二级市场，但是对于一些技术性要求较高的工作仍然不可适用。

幸运的是，一般家务并不需要很强的专业性技能，那么我们能不能共享家务时间呢？这方面的尝试国外已有先例——时间银行。时间银行是指志愿者将参与公益服务的时间存进时间银行，当自己遭遇困难时就可以从中支取"被服务时间"。在公益领域，倡导用户利用空闲时间帮助身边有需要的人，把帮助所付出的时间以虚拟货币的形式存储起来。如果将公益领域的应用转化到家政领域，将会暴露一个弊端——如何保证志愿者为他人服务的质量。这个问题的性质类似于 Airbnb 房主担心其财产被住户损坏一样。而区块链的一大应用方向就是在共享经济中构筑多方信任。上述内容似乎与旅游业并无关联，实际上只是为了说明一个设想：利用时间代替真实货币，实现价值尺度与交换媒介的功能，连接每一个个人。

上述设想未免异想天开，现在回到现实情况——现代人时间紧缺的问题无法回避。作为旅游业者能否改善这一现状呢？首先，帮助消费者节约等待时间。在这一方面，Jeremy 利用可穿戴设备（手机）实时向商家更新客户状态的想法，其应用前景十分广阔。其次，也许休闲时间总量并未减少，只是因为现代工作形式、休闲时间被碎片化了。人们总是渴望长途旅行，但在现实中，大部分中国人除了十一黄金周，其余的公共假期只有周末，而周末进行长途旅游有些仓促，因此周末只适合消费者进行周边游。此时又会产生一个新的问题——周边著名景点都玩遍了，消费者对此兴趣不大，那么那些非著名的只有当地人知道的私房小众景点呢？是不是另一种形式的私人订制呢？而如何挖掘私房小众景点呢？公司投入大量资源进行挖掘很明显成本太高，不切实际，那么一个鼓励当地人利用其碎片化时间担任向导，分享私房景点的 C2C 互助共享平台就出现了，在这个平台中时间是可以享受服务的"货币"，也是支付服务的"货币"。

2. 赋能个人：使得消费者也可以成为服务者

赋能个人，就是鼓励景区附近的当地人利用碎片化时间担任向导，接待来自其临近区域的游客（或针对渴望小众景点的、在黄金周来访的远方游客）。作为服务者所积累的服务时间也可以在其想去其他地方旅游、成为消费者时作为"货币"支付给另一个地方的服务者，至此"时间"完成了作为"货币"的价值流动。但是，平台在运营之初必然会存在消费者和供应者都不足的困境,这就导致服务者没有足够的动力存储"时间"货币。

例如,A作为江苏人,接待了一名来自浙江的游客B,A想去香港游玩,但由于服务供应者有限,在香港当地并没有服务提供者,那么A所积累的服务时间对于A来说就没有任何价值。

所以,真正将基于时间本位货币的私房景点体验平台这一想法付诸实践,需要一个前提——积累大量活跃用户,即流量。这里提出一个市场推广的设想,仅供参考:在平台运营初期,公司开放并可利用服务时间向公司兑换现实货币的功能以刺激供给。当流量积累过程完成后,公司停止兑换服务时间功能(类似风险投资中的退出机制),但同时退出模仿Airbnb的Experience的报价功能,允许服务者同时以服务时间长短计价和现实货币计价两种方式报价,形成个人既可以是消费者也可以是服务者的旅游生态圈。

此外,现代人的社交需要越发强烈,如联想几年前开发的风靡网络的青蛙游戏。Hi!App目前已经拥有结识旅伴的功能,如果加上推荐当地导游的功能,消费者的社交需要从旅伴和导游两个方面都将得到解决,从而建立完整的社交生态圈。积累流量是起始目标,而普及时间货币,建立生态圈是长远目标。

基于类似这样的平台用户,他们既使用服务,同时也是服务提供者的原理,在C2C平台中,可以通过区块链技术构筑多方间的信任。通过构建一个安全防干扰的系统来管理电子化的认证信息和声誉;通过区块链技术,整合零散的小众化私房旅游资源,旅游消费者也可以是服务供应者。例如,Airbnb通过区块链解决其发展上所受到的诸如对安全(顾客)和财产损坏(房主)顾虑的限制。又如,通过分布式市场改造美国的电力产业:目前消费者依赖于由公用事业中心化生产的能源，随着屋顶太阳能和大容量电池技术的出现，个人将可能成为分布式的能源供应者，进而通过区块链，促进个人在分布式网络上进行安全的能源交易。

3.4.2 盈利模式：价值与激励

如果服务提供者（当地导游）以现实货币计价，则公司可抽取部分佣金，进而鼓励采用时间货币报价。如果大部分人采用时间报价与消费，则公司积累大量活跃用户，因为用户如果不进行旅游则所积累的"时间货币"就没有价值。完成流量积累后，可以模仿OTA盈利模式，向酒店、交通、零售等其他服务（非导游）供给者提供流量，收取佣金。

3.4.3 交付模式：从"旅游+游学"切入

上述设计理念略显超前，因此在实践中需要一个具体的、低成本、低风险的实验性业务以验证设计理念的可行性，此实验性业务主要为游学。首先这里提到的游学概念不同于携程旗下的游学项目：携程游学项目的目的是学习某一具体技能（如社交礼仪、滑雪等），此处游学所指的是体验理想大学的真实生活。针对的对象是即将进入（国内或国外）大学进行本科或研究生课程学习的"准"学生。选择游学作为尝试有以下考虑。

（1）需求量大。国内体验成本较低，而需求量大；而国外体验，虽然成本较之前者有所升高，但留学生人数逐年递增，且其自身经济基础大多可以承担一次短期出国考察。

（2）供给量大。在校学生众多，且学生服务时间灵活。

（3）信用风险小。区块链可以进行身份认证，构筑信任，且学生的身份更加便于认证——有学生卡（student ID）。

（4）身份转化快。学生群体较为年轻，容易接受新鲜事物，市场推广难度低。另外，学生可以兼职的工作形式有限，但同时有强烈的消费需求，容易尝试作为向导的工作。相比于工作人员，学生拥有大量空闲时间（寒暑假），本身具有旅游需要，因此容易由游学项目的消费者转化为未来基于时间本位货币的私房景点体验平台中的服务提供者。

（5）流量的乘数效应。学生的背后总有家庭，学生的周围是拥有同样需求的同龄人，通过学生的自发宣传，流量有可能进一步扩大。

纵观现有的竞争对手，像美团、飞猪、携程、马蜂窝等都尚未开展类似业务。

第4章

区块链技术赋能案例的研究与洞察

以新南威尔士大学全球数字化赋能研究中心为核心的研究团队建立了两个区块链案例沙盒项目,并与惠智公司的商业分析师和技术工程师紧密协作,开展行动设计研究(action design research),联合为企业探索出会员积分计划和全域智慧旅游的新型业务模式、运营模式、交付模式和支持模式。此外,新南威尔士大学全球数字化赋能研究中心与惠智公司联合开展的区块链案例研究(case study),其研究成果和影响力不仅体现在对企业实践提供了有价值的分析、参考和建议上,而且从理论和知识层面对实践经验进行了总结,许多成果已经或即将发表在国际顶级期刊中,为学术界和产业界提供了宝贵的知识和经验参考。

第4章 区块链技术赋能案例的研究与洞察

4.1 区块链应用实施的案例研究：新兴技术的可供性、实验和实现

4.1.1 背景

案例企业 H 集团（根据与企业的协议隐去企业真实名称）成立于 2000 年，是中国一家集航空、旅游、物流、金融服务、房地产等行业为一体的集团性企业。公司采用较为分散式的治理结构，拥有 400 多家子公司，其设备及服务供应商则超过了 15 000 家。公司每年的采购额约为 100 亿元人民币（约 15 亿美元）。因此，H 集团为了加强对子公司的管理与控制，整合子公司的各类采购交易，在集团总部设立了采购管理部，统一管理所有子公司的采购业务。

不难想象，如果没有信息技术和信息系统的支持，采购管理部无法管理这 400 多家子公司与 15 000 多家供应商之间的采购。2006 年，采购管理部开始以 Oracle EBS 平台为基础开发了一个采购管理系统。截止到 2012 年，该系统管理了 H 集团从招（投）标到最终定标的所有重要的采购活动，使得整个采购过程清晰透明。然而，尽管采购管理系统的实施和应用取得了成功，该部门仍然面临两个问题。一是子公司与供应商之间采购付款过程的效率非常低。例如，当子公司向供应商支付款项时，首先需要发起内部审核流程，然后再向银行提交申请，通过银行将资金汇到供应商的银行账户。由于这个过程涉及的大部分

工作都在线下进行，整个过程通常需要五天以上。二是由于业务中的各个参与方都维护自己的账本，因此，每一笔交易都涉及许多账目的核对，需要反复地进行人工验证和复查，以至于整个交易过程需要耗费大量的人工操作和人工成本。

运用传统的信息系统总是很难有效地解决这些问题，因此，采购管理部希望通过新技术的应用能够有所突破，进而发现区块链技术可能带来新的解决方案。然而，对于区块链技术来说，又存在新的问题，即：由于当时关于区块链技术应用的讨论大多仍然停留在概念层面，同时缺乏技术应用的成功案例，使得采购管理部很难下定决心使用区块链技术。

2014 年，采购管理部与惠智公司进行深入交流后，决定尝试新的合作，并以新兴技术应用探索的方式开发两个基于区块链的应用子系统。一个是区块链钱包系统，基于该系统，子公司可以和供应商直接进行交易，将交易结算与转账提款相分离，以简化管理过程并提高处理效率。另一个是基于区块链的交易系统，使采购管理部、子公司和供应商之间得以进行自动化交易。此外，采购管理部发现，这两个子系统的成功运行可以进一步促进基于区块链的供应链金融系统的发展，特别是使得中小型供应商可以通过 H 集团的信用背书，方便快捷地从金融机构获得贷款。

在这两个区块链应用子系统的实施过程中，研究团队发现了在新兴金融科技发展的初期，企业如何有效探索和实施区块链技术的策略与过程，并对此类经验进行了理论联系实践的总结。

4.1.2 发现区块链技术的可供性

技术可供性（technology affordance）是技术管理领域的重要概念，被定义为特定用户为了实现业务目标而利用某个技术进行一系列行动的潜在可能性（潜力）。通俗地说，可供性就是指用户认为该技术的某些特性具备实现某些目标功能的潜力，而基于这种可供性，用户便会采取相应的行动并利用相应功能来实现业务目标。不同的用户对于技术可供性的认知是不同的，特别是对于有很多不确定性的新兴技术来说，识别技术的可供性是实施技术的首要工作。在该案例中，研究团队、惠智公司和 H 集团采购管理部一起识别了区块链技术的三个可供性。

1. 可供性 1：子公司和供应商可以直接结算

区块链为子公司和供应商提供了直接结算的潜力。其中，区块链的相关技术特性是分布式账本和共识机制，它们被应用到区块链钱包子系统中。具体来说，每个子公司和供应商都被分配了一个"数字钱包"（区块链上的公钥地址），数字钱包中有可以用来结算付款的采购积分。其中，采购积分就是 H 集团利用区块链发行的加密货币，对应应付账款中的现金数量。因此，一个采购积分等值一元人民币，区块链钱包中的采购积分初始值取决于子公司根据应付账款的充值，同时，H 集团要保证相应的银行账户中在供应商需要进行资金转账的时候有足够的流动资金；此外，供应商也可以以现金的方式充值，来实现 H 集团体系内的采购和支付行为。

因此，数字钱包系统允许子公司和供应商在不经过银行的情况下通过采购积分实现结算记账，即对付款行为进行数字记录。而区块链的分布式账本和共识机制保证了每笔交易的可追溯，防止了交易与账本信息被篡改，保证了多方结算的透明，并从源头防止了采购积分的超发等问题，进而也确保了 H 集团的信用背书能力。从而，在没有银行中介的情况下实现了交易双方的互信及对采购积分的信任。

另外，银行并没有完全从付款环节中消失，采购积分对应的存款（流动资金）仍然由银行管理。通过采购积分的方式大大加速了内部的审批流程，同时不需要频繁地进行银行交易操作。供应商需要兑现提款时，则可以直接向银行发送兑现请求，银行只需要发出指令，扣除其区块链钱包中的采购积分，将现金转移到其银行账户中即可。

2. 可供性 2：参与者之间可以实现自动化交易

区块链技术为采购管理部、供应商和子公司提供了自动化交易的潜力。区块链的相关技术特性是分布式账本、加密机制和智能合约，它们被应用到基于区块链的交易子系统中。

通常，一次采购过程可能需要数天甚至数周才能完成，这是因为涉及了许多基于纸质记录的交易、结算、清算和交割。例如，当供应商要求付款时，它需要向采购部提交许多纸质文档，各级部门依次核实这些文件，然后将付款请求传递给子公司。然而，子公司的会计核算部门会在付款前进行另一轮验证。在此过程中，需要反复地沟通和校验以解决不同参与者记录（不同账本）之间的分歧。由于不同的参与者保留各自的纸质文件和验证标准，常常会出现文件缺失或数据不一致的情况。区块链的分布式账本使得参与者可以访问共享的数据记录，从而减少了手动验证和对账的需求，进而也促进了数据标准的落地执行。区块链通过加密机制在分布式账本共享数据之前对其进行必要的加密。参与者可以在区块链上查看所需的信息和验证交易，而其他信息则被加密保护起来。

此外，在将付款请求传递给子公司的会计部门后，采购管理部必须持续监控进度，因为子公司的会计部门时常会因为各种情况而忘记或延误付款请求。区块链技术可以通过类似"if-then"模式部署自动执行业务流程的智能合约来解决这些问题。例如，一旦满足相应合同中的付款条件，系统就可以自动向供应商付款。这种技术可供性表明区块链可以在不信任的各方之间实现安全信息共享和执行自动化预定义的协议。

3. 可供性3：中小型供应商可以更容易地从金融机构获得贷款

区块链为中小型供应商提供了从金融机构获得贷款的潜力。区块链的相关技术特性是不可变的审计跟踪和智能合约，它们被应用到由区块链支持的金融系统中。

H集团有超过15 000家供应商，其中大多数是有强烈贷款需求的中小型企业。在对供应商的采访中证实了这一点，供应商最常提到的潜在需求和问题是如何从金融机构获得贷款。大多数供应商并不能从金融机构获得贷款，只能以高额利息接受私人贷款。中小型企业能否顺利获得贷款向来是个难以解决的问题，这是由于金融机构通常根据正式报表评估公司的偿付能力，如资产负债表、损益表和现金流量表，大多数中小型企业在这些方面的记录看起来并不能够说服银行。例如，供应商A是一家小公司，专门为H集团提供进口车辆的相关服务。每年供应商A都会收到H集团的合同，每份合同都是约1 000万元人民币（约 150 万美元）。然而，合同的首付款仅为人民币 300 万元，尾款 700 万元则要到年底才能支付，公司不得不另外筹集人民币 500 万元启动项目。此时，从银行的角度来看，供应商 A 的财务状况不佳，除了 H 集团付款的两个月外，它大部分时间都处于亏损状态。但从另一个角度来看，该公司是一个运作良好的中小型企业，收入稳定，利润丰厚。理论上，供应商 A 可以使用 H 集团的合同（应收账款）来证明其偿付能力。但实际上，大多数金融机构都不接受，这是因为伪造合同的情况时有发生，验证它们的真实性需要付出很大的努力，更需要 H 集团配合完成，这又给 H 集团增加了巨大的工作量。此外，银行没有有效的方法来确保中小型企业按期还款，因为大多数中小型企业缺乏抵押品。区块链技术则可以解决这两个问题。首先，所有合同和过去的交易都存储在区块链中，因此无法修改或删除。供应商可以使用这种不可变的审计跟踪来证明其偿付能力。其次，智能合约可以强制执行还款，因为如果供应商无法偿还贷款，智能合约可以将 H 集团的尾款（应付账款）按照应还金额直接拨付给银行。

可见，区块链等金融科技可以建立金融机构与传统中小型企业的信任，对以往无法实现的金融服务等方面都有积极促进作用。不可改变的审计线索构建了基于信息追溯的信任（knowledge-based trust），智能合约构建了基于威慑的信任（deterrence-based trust）。

4.1.3 新兴数字技术的试验

通常来说，一旦识别了技术可供性，便可以采取相应的行动来付诸实施，因为在这种情况下，技术已经具备了充分使用的条件。然而，对于像区块链这样的新兴数字技术来说，技术的不成熟和成功案例的缺乏，对后续的行动带来了很多障碍。因此，试验阶段是必需的过程。显然在当时，区块链除了比特币之外，很少有成功的行业用例，需要通过一个试验阶段来开发和测试相应的用例。

实验也是产生最终结果所需的操作，但它不同于系统实现时的使用操作。试验阶段对用例的识别、开发和测试也有助于技术可供性的优化。试验阶段包括两个主要活动：概念适配和约束消除。

1. 概念适配

人们对区块链的理解往往停留在比特币上，然而，构建类似比特币的区块链应用并不符合 H 集团的需求。因此，在项目实施之前，需要对区块链的概念进行明确，以统一人们的认识。

在实施数字钱包子系统时，许多参与者将比特币系统视为解决方案。从而使得人们担心与比特币相关的道德问题和模糊概念会对钱包系统产生负面影响，但事实上比特币与数字钱包系统没有任何关系。而在实施交易系统时，一些参与者仍然将区块链与 ICO（initial coin offering）联系起来，一些人质疑为什么像 H 集团这样的非金融公司也投资区块链和数字货币。因此，必须从概念上将区块链与比特币相关的加密货币分开，这就需要做概念适配的试验。如果不做区分，人们总会对它们的关联感到困惑，这使人们很难理解为什么需要区块链。

概念上的适配还包括确定新的用例，重新定位企业内的区块链应用。确定新用例的关键是弥合区块链技术与 H 集团业务需求之间的差距,惠智公司将员工安置在 H 集团,以了解其业务的痛点并确定区块链的机会。然而,并非所有用例都是可行的。例如,研究和实施团队发现,区块链可以构建用例以帮助子公司在不放弃内部信息控制权的情况下共享客户信息,同时,在与关键利益相关者沟通后,实施团队意识到这个用例在短期内不可行,因为它涉及许多变革,利益相关者仍然对该技术的价值持怀疑态度。根据采购管理部主管的意见,惠智采取渐进式方法而不是颠覆式方法。由此可见,在我们启动大型项目之前,我们需要积累切实的试验经验以解决人们对技术的担忧。

2. 约束消除

作为一个尚未被广泛采用的新兴数字技术,区块链在技术和商业环境的结合点上时常遇见意想不到的约束与限制。

其中,技术复杂性是首要约束。最初,实施团队打算向参与者解释区块链技术,希望以此激发客户的兴趣并建立一个实践论坛。然而,技术的复杂性反而使得这些解释让参与者更加困惑。后来,实施团队调整了方法,将区块链技术打包成一个"黑箱",只向用户展示区块链支持的业务应用程序和效果,从而得到了较好的效果。实际上,用户真正关心的是系统是否有用而不是底层技术。

另一个约束来自技术细节,如区块链处理大量交易的低效率。尽管分布式账本具有许多优点,但检索、验证和记录数据的时间比集中式数据库的要长得多。这种约束在设计大量交易的交易系统实施中更为突出。为了克服这一约束,实施团队识别出对交易至关重要的最小数据集,并将其存储在区块链中。其余的大量数据则记录在传统数据库中。例如，对于合同中的供应商 ID、子公司 ID、合同金额、商品规格和日期等这些关键信息记录在区块链上，而供应商地址和联系人等普通信息则记录在传统数据库中。由此，实现了区块链上检索和记录数据工作量的最小化，以及单位区块中和单位时间共识中的信息量最大化。

此外，在实施供应链融资系统时，主要约束就是未知的风险。实施团队认为使用区块链记录证明供应商的偿付能力是一种新颖而完善的方法，然而，这种激进的创新也可能引入未知的风险，因为它将企业带入了一个未知的领域。为了降低这些风险，实施团队在一个小范围内试验了该系统，参与的供应商和金融机构与 H 集团有着密切的关系，从而实现了有效的风险控制。这种方法就是典型的"沙盒"方法①。沙盒是一个受控环境，不仅为试验提供了安全的环境，而且还保证了试验不会破坏常规操作。

实验阶段为产生可供性的因素提供了反馈。对于技术，实验结果有助于调整其配置。例如，支付用例用于配置钱包系统中的分布式分类账和共识机制。对于参与者来说，实验过程逐渐改变了他们的认知。例如，在区块链与比特币等加密货币的概念分离后，供应商和子公司更容易接受该技术。

4.1.4 可供性的实现

试验阶段不仅可以识别和开发新的用例，还可以测试它们的可行

---

① 沙盒是一个受控环境，FinTech 公司可以通过一组选定的用户来测试他们的解决方案。

性。用例评估从业务角度测试其可行性，并从技术角度实现约束的消除。至此，当用例准备好后，参与者便有了实现组织目标的技术潜力，新兴技术的可供性便可进入实现阶段。

1. 行动和结果

为了实现第一个可供性，子公司和供应商通过区块链钱包系统进行结算，而不是通过银行。为了实现第二个可供性，采购管理部、供应商和子公司通过区块链交易系统处理交易，而不是通过纸质清算。为了实现第三个可供性，供应商通过分布式账本记录和履行智能合约，实现金融机构的贷款和还款。

由于采购管理部有能力影响供应商，因此，供应商接受了新的流程和制度，并改变了他们的行为。然而，采购管理部在说服子公司采用新制度的过程中遇到了较大阻力，因为子公司的会计部门有较大的权力和惯性思维。为了减少阻力，实施团队尽量减少会计部门所需的变更。例如，实施团队构建了一个结算和支付的门户网站，并将区块链钱包系统嵌入到会计系统中，从而省去了会计部门采用其他系统的需要。

合理的技术利用可以产生有效的实施成果。首先，子公司和供应商之间的交易和结算是即时的，并且是以数字化的方式记录的。其次，交易的延迟和错误减少了。最后，供应商节省了获得贷款的成本，整个供应链的价值得以提高。

与此同时，行动和结果为技术可供性的识别和试验阶段的用例也提供了有效的反馈。实际使用和结果的反馈可以帮助实施团队不断地调整区块链系统，并使参与者能够更好地理解技术与应用。例如，在区块链钱包和交易系统获得有效的成果之后,实施团队便确定了一个新的用例,即中小型供应商可以使用他们的区块链记录来获取金融机构的贷款——供应链金融。这就是本案例中第三个技术可供性的来源。

2. 组织环境

组织环境包括文化和战略等,组织环境有助于识别与实现技术的可供性。

在实现第一个可供性时,支持与初创公司合作的"亚文化"起到了重要作用。一般情况下,传统商业企业或大型集团很少与创业公司直接合作,特别是世界 500 强企业与创业公司合作就显得更不寻常了。然而,在区块链等新兴技术层出不穷的今天,似乎很少有"老牌玩家"能如鱼得水。H 集团的采购管理部主管向企业管理层灌输了与创新型创业公司合作的价值,并与惠智公司及其背后的高校研究团队共同创造了一个"沙盒"环境,以支持实践创新。可见,企业需要发展一种与新兴技术初创公司合作的文化,因为创业公司拥有更先进的技术、理念和创新能力。同时,这种文化往往是从分支机构层面而不是总部层面开始建立的。

为了实现第二个可供性,企业数字化战略发挥了重要作用。2009 年,H 集团的管理层将数字化作为未来十年的企业战略之一,并鼓励子公司采用新的数字技术助力业务创新。区块链技术的采纳就是践行该战略的一种具体表现,采购管理部由此获得了各方参与者和管理者的支持。因此,技术应用与公司战略的一致性是技术实施的一个重要成功因素。

为了实现第三个可供性，支持内部创业的文化发挥了重要作用。"内部创业"指的是公司内部鼓励的创业模式和创业精神。与区块链钱包和交易系统不同，融资系统超出了采购管理部的职能范围。在传统企业中，职能范围以外的事情是不被支持的，至少是不鼓励的。然而，H 集团鼓励这种"内部创业"行为，这是该公司能够实现快速增长和多元化发展的重要原因。没有这种内部创业文化，融资系统可能成为一个无法实现的好主意，因此，企业内的创业行为对于发现和利用数字技术提供新的市场机会至关重要。

4.1.5　可供性实现理论的推广

"实验阶段"是"可供性实现"理论的延伸。可供性实现理论是基于 EHR（electronic health records，电子健康档案）系统案例所开发的理论，EHR 系统的建设案例是基于所在领域的"最佳实践"。因为最佳实践用例有助于确定软件应该如何使用及它可以实现什么，所以实验阶段就不那么重要了。相比之下，区块链没有任何用例，如何在一个组织中使用该技术仍然是未知的。实验阶段不仅识别和开发新的用例，而且测试它们的可行性。用例评估从业务角度测试它们的可行性，约束消除从技术角度测试它。相比之下，EHR 系统的业务和技术可行性已经通过先前的最佳实践获得了测试和验证。

实验阶段的两项活动符合区块链的具体情况，并且不同于之前的 IT 实施文献中的研究发现。首先，区块链最初设计用于跟踪比特币交易，许多人仍然将区块链与比特币联系在一起。因此，将区块链从比特币中分离出来,并构建符合该企业对技术应用的期望是至关重要的。先前的技术应用,如 EHR 系统和 ERP 系统,是在设计者指定的场景中实现的,并且实现通常基于特定行业的最佳实践方案。在这种情况下,概念适配就不那么重要了。其次,由于现实世界的成功案例数量有限,区块链技术应用在实践中很少经过测试和验证。因此,在技术和业务的交叉点上可能会出现意外的约束,例如,分布式账本无法支持大量事务而导致效率低下。在区块链实施中,需要一个特定的阶段来识别和消除约束。先前的技术也需要约束消除,但并不那么关键,因为约束及其消除机制已经通过之前长久的实践而解决了,相应的技术也都成熟了。

4.1.6 案例总结

在实践方面,案例中确定的三个功能(区块链的可供性)可以帮助实践者了解区块链到底可以为企业做些什么。首先,引导实践者去探索更多的可供性。其次,实验阶段可以帮助实践者在其企业内正确地使用区块链,包括识别认知差异、开发和测试用例。我们的研究结果表明,实施团队应该尽量避免使用对现状进行重大变革的用例,而是需要通过循序渐进的试验来逐步积累经验。最后,组织环境的三个要素可以帮助管理者培养有利于区块链实施的环境,例如,培育与创业公司合作的土壤,建立支持数字化转型的企业战略,以及鼓励内部创业和创业精神。

虽然本研究在实践方面的贡献是丰富的,但也必须考虑到其局限性。首先，对单一案例研究的普通评论是可概括性问题。其次，研究是建立在一个大型企业的基础上的，因此这些发现可能不太适用于初创企业。最后，研究结果来自一个新兴经济体的案例，该经济体的金融基础设施不发达。

在理论方面，增加的"实验阶段"是本研究对"可供性实现"理论的一个关键贡献，可以做更多的研究来进一步展开这一阶段。首先，未来的研究可以系统地检查一个组织中区块链的约束，并研究如何消除约束。例如，分布式数据库无法处理大量数据，限制了事务的有效处理。这表示在应用区块链简化交易时需要缓解的关键约束。其次，虽然扩展的可供性实现理论有可能推广到其他新兴技术，如人工智能和虚拟现实，但这些领域可能有自己的具体实验活动，进一步的研究可以将扩展模型应用到这些场景中，并将结果与我们的发现进行比较。

总体来说，本研究做出了四个重要的理论贡献。首先，它通过增加一个"实验阶段"来扩展"可供性实现"理论，并扩展可供性实现理论在区块链中的适用性。其次，本研究为区块链文献做出了贡献，为如何有效实施该技术提供了见解。再次，本研究为IT实施文献做出了贡献，通过推导出符合区块链具体情况且不同于先前发现的成功因素。最后，本研究通过丰富区块链的研究和扩展"可供性实现"理论为战略信息系统管理的文献做出了贡献，感兴趣的学者可以利用该理论来研究如何实施新兴的数字技术以实现战略影响。从理论联系实践的角度，本研究可以帮助IT从业者有效地实施区块链，并从他们的投资中获取价值。

4.2 区块链应用赋能的案例研究：员工弹性福利计划

4.2.1 背景

H集团作为一家拥有400多家子公司和180 000名员工的大企业集团，设计和实施有效的员工福利计划是人力资源部门的重要任务之一。此前，H集团的子公司都陆续制定了自己的员工福利计划。然而由于规模所限，这些计划的灵活性和选择性都相对受限。例如，有的子公司为员工提供固定商场的礼品卡，有的子公司则为员工直接提供某些福利商品。在这些情况下，员工几乎没有选择权，且体验也不令人满意。也有一些子公司选择向员工发放现金形式的福利以扩大选择面，但是按照法律规定，现金形式的福利必须扣除20%的所得税，这也影响了员工的体验。

为解决这一问题，H集团要求人力资源部门启动"弹性福利计划"，并在集团总部进行试点。弹性福利计划是跨国公司常见的人力资源管理行动，此类计划的一个特点是让员工拥有更多更加个性化的福利选择，以替代有限的福利选项。

为了实现弹性福利计划，人力资源部门向采购管理部寻求帮助。H集团的采购管理部负责管理H集团的15 000多家供应商。因此，试想一下，每个供应商的产品都可以作为员工福利出售给H集团员工，且价格也相当有竞争力，因为供应商可以为H集团员工提供批量购买折扣。同时，采购管理部正在计划尝试采用区块链技术来管理供应商。

人力资源部门的诉求恰好为采购管理部提供了实践区块链技术的一个机会。因此，采购管理部基于区块链技术建立了一个内部电子商务平台，将员工福利以积分的形式发放给员工，员工则可以利用"福利积分"购买所有供应商提供的各种商品。

在这个电子商务平台的支持下，员工有更多的福利商品可供选择，供应商也增加了额外的渠道来销售产品。这个互利共赢方案的实施分为三个阶段。在第一阶段，采购管理部发放福利积分，提供了参与者使用这些积分购买福利商品的交易系统。在第二阶段，采购管理部邀请供应商加入该平台。在第三阶段，采购管理部将平台对外扩展，如与第三方电子商务平台（如京东）集成，从这些第三方平台引入更多更丰富的可选福利商品。

以下将详细讨论每个阶段及区块链所发挥的作用。

4.2.2　在电子商务平台上发放福利积分

为了实现电子商务平台上的交易，采购管理部为每个参与者（员工和供应商）分配了一个基于区块链的数字加密钱包（以下简称"钱包"）。钱包地址即为区块链上的公钥地址，可用于识别参与者，并跟踪与参与者相关的交易。

在发放福利时，人力资源部门以福利积分的形式将其发放至员工的数字钱包中，员工可以使用这些积分在电子商务平台上购买商品。每笔交易完成后，福利积分则从员工的钱包转移到供应商的钱包中。供应商则可以实现福利积分的汇集与兑现，兑现过程体现为从供应商钱包中扣除相应的积分，同时，等量的金额将被转账到其银行账户中。目前，一个福利积分相当于一元人民币。可见，与传统方式的员工福利计划（如发放礼品卡或固定福利商品）相比，员工有了更多更为个性化的选择。此外，由于员工使用福利积分而不是现金来购物，员工不能将福利积分直接兑换成现金，因此，员工不需要缴税，在福利计划实现的基础上，员工体验得到了显著增强。

发放和使用福利积分的主要挑战是如何围绕积分交易建立多方信任。即使对于中央银行，人们也不可能完全信任它们，因为存在发行超额资金或记录被篡改等风险。因此，在这个项目中，关键问题在于如何让供应商相信 H 集团的福利积分是值得信赖的。区块链恰好提供了一种新的技术方式，可以降低此类风险并建立信任。具体来说，在支持区块链的电子商务平台上，所有交易都由区块链网络实现分布式的记录。交易信息存储在各种节点中，任何更新都需要所有节点通过共识来实现。由此，与数字积分相关的所有交易记录变得公开可见，并且可以防止任何中央机构出现不透明的操作。同时，由于记录存储在各个节点而不是单个位置，记录被篡改的风险也降低了。

为了确保平台上的所有福利积分都可以兑换，并且不会出现积分超发的现象，人力资源部门在向员工钱包发放福利积分的时候，首先需要在资金池中存入等量的人民币，资金池则由指定的第三方公司进行管理。

4.2.3 邀请供应商加入福利电子商务平台

为了丰富电子商务平台上的产品选项，采购管理部邀请 H 集团现有的所有供应商加入该平台。许多供应商都对加入这个电子商务平台表现出浓厚的兴趣，因为 H 集团的全体员工对他们来说是一个潜在可观的客户群。

员工在使用电子商务平台进行交易之前，需要在平台上注册信息，以便验证身份。在通常情况下，若要实现员工与供应商之间的交易，供应商就必须获得员工的信息。然而，这对于 H 集团来说，无疑是将员工信息暴露给供应商，而这又是 H 集团希望尽力避免出现的情况。因此，H 集团发现使用区块链技术可以在保护员工的敏感信息不被泄露的同时，确保供应商仍能验证注册了的 H 集团员工的真实存在性。

具体来说，区块链网络为 H 集团每位员工分配一对密钥，其中包括公钥和私钥。公钥即为员工的钱包 ID，并且该 ID 已公开并为网络中的所有参与者所知。当员工向供应商发送购买请求时，首先使用私钥加密购买请求。供应商在收到请求后，使用员工的公钥对购买请求信息进行解码。如果解码成功，这意味着请求是真实的，是客户自己要求的。可见，通过利用非对称加密密钥，员工可以在网络上证明自己的存在，而无须暴露任何关于自身的敏感信息。供应商不知道每个交易背后的员工是谁，但他们可以验证客户身份的真实性。

这个弹性福利的电子商务平台于 2015 年 2 月上线，起初有 2 000 家供应商参与其中。首次运行即非常成功，其中，仅在春节假期的 7 天内，该平台就实现了 130 万元的销售收入。

4.2.4 实现与第三方电子商务平台的整合

为了进一步丰富电子商务平台上的产品选择，采购管理部打算与

第 4 章 区块链技术赋能案例的研究与洞察

第三方电子商务公司（如京东）合作。当时，京东是中国最大的 B2C 在线零售商之一，商品丰富程度、交易量和收入仅次于阿里巴巴运营的天猫。

H 集团的采购管理部通过标准接口将弹性福利电商平台与京东平台实现集成，成功地从京东引入丰富的商品。这种整合极大地扩展了员工的福利选择，并提升了客户体验，使之成为一个真正的弹性福利计划。与此同时，京东也非常希望与 H 集团合作。首先，H 集团有庞大的员工群体和购买力；其次，使用福利积分购买的客户相比起使用现金购买的客户对价格敏感度不高，从而可以带来更大的单位流量，实现更高的利润。

在 H 集团员工登录电子商务平台后，可以通过一个特定链接，进入京东福利商品购物界面，购物体验与京东平台相同。唯一的差别在于：H 集团员工使用的是企业 ID 登录，并且使用数字钱包中的福利积分进行购买支付，而不是通过第三方支付。特别需要说明的是，在一般的电子商务交易中，跨平台的买卖双方之间的交易需要可信的中介（如支付宝），这是交易成功的必要条件。如果没有中间人，双方就很难相互信任。然而，中介结构或系统又会产生额外的交易成本。此外，当第三方中介机构的中央数据库被篡改时，结果将是灾难性的。因此，区块链又提供了一种跨平台去中介的解决方案，在消除中介的同时，使得京东平台上的卖家能够直接与 H 集团员工进行交易。此时，采购管理部将数字钱包分配给京东平台上的卖家，就像为 H 集团自己的供应商提供的服务一样。

H 集团员工和京东卖家相互信任的原因在于 H 集团在京东和 H 集团的服务器（节点）均部署了分类账的副本，所有交易记录由所有节点的账本共同记录与维护。H 集团员工和京东卖家之间的所有交易将由区块链网络上的所有节点进行跟踪和验证。为了确保京东的卖家可以及时兑现从 H 集团员工支付所获得的福利积分，H 集团会预先测算员工每个月在京东平台的消费数额，然后在下月初将款项兑现给京东平台。

2016 年 1 月，弹性福利电商平台从京东获得了超过 50 000 件商品。这成功地扩大了员工的福利选择，并显著提升了他们的体验。

4.2.5 案例经验总结

基于 H 集团的弹性福利电商平台案例，总结一下运用区块链技术解决商业问题的经验。

首先，区块链使企业能够创建自己的虚拟资产（类似于企业加密"货币"）。实际上，这种虚拟资产（如福利积分）旨在作为基于加密技术的交换媒介来保护交易。区块链通过使用分布式账本来保护交易，并且交易由网络中的多个节点而不是中央机构来记录和验证，因此交易记录不会被篡改。正如 H 集团的案例所示，虚拟资产可以显著提高运营效率。该案例还表明，由于这类虚拟资产属于新生事物，组织仍然需要存入等量的离线资产作为锚定物，如现金存款。

其次，区块链使企业能够有效地保护敏感信息，这是因为区块链使得参与者可以相互信任，在交易互动的同时对敏感信息进行加密保护。例如，在一般的电子商务交易中，客户需要在电商平台上登记、验证和共享个人的关键信息。由此可见，敏感数据共享在交易中通常是必不可少的。然而，区块链提供了一种可以解决这种冲突的方法，这体现在 H 集团与供应商的合作中。通过为用户分配一对用于身份验证的密钥，基于区块链的平台使得 H 集团员工能够在不泄露任何敏感信息的情况下，向供应商证明自己身份的真实存在性，以实现在此情况下的可靠交易。

最后，区块链可以通过一种"去中心化的信任模式"取代"中心化的信任模式"，即实现去中介化。以前，交易双方特别是跨平台的交易，需要一个可信的中介来协调交易。如果没有中介，交易双方很难互相信任。然而，中介机构却带来中心化的风险，还会涉及低效率和高成本的问题。在区块链应用的情境下，信任不是由中央机构建立的，而是由区块链网络上的所有节点共同建立的。这种方法将会更加可靠，并且不会受到单点故障的影响。

4.2.6 结语

区块链是一种新兴的数字技术，它有可能颠覆许多行业和组织，并使这些企业和组织重新思考它们的战略和能力。区块链技术绝对是近几年内可能推动业务模式发生改变、产生新兴商业模式的一项革命性技术，可用于汽车、旅游、医药、能源行业、社交网络、股票市场等许多行业和部门，为解决商业挑战提供了机会，并彻底改变了收入来源、当前支付和供应链。而且，与大部分人对区块链最初的理解不同，区块链可以被用于实现有价值标的物点对点交易，降低了全社会的交易和运营成本，这些有价值标的物可以是有价证券、有交换价值的资源，也可以是时间。

本书对于区块链技术应用的探讨主要以旅游和积分为主要领域，

两个讨论案例基于积分和供应链金融。基于这些尝试性的实验与实践，本书也拓展了以区块链技术与金融科技赋能及技术如何与管理更好地融合等方面的管理认知，希望能够在一定程度上为区块链技术在企业管理与业务模式创新带来一些灵感。

参 考 文 献

[1] ANDERSON C. K. Setting prices on priceline[J]. Interfaces, 2009, 39(4): 307-315.

[2] ECONOMIST. Keep seatbelts fastened during ascent[EB/OL](2010-10-09). https: //www.economist.com/blogs/gulliver/2010/11/online_travel_firms.

[3] ECONOMIST. The automated passenger[EB/OL](2013-10-16). https: //www.economist.com/blogs/gulliver/2013/10/future-travel.

[4] ECONOMIST. Stay with me[EB/OL] (2016-05-05). https: //www.economist.com/news/business/21698307-online-rivals-whizz-ahead-hotels-try-be-both-big-and-nimble-stay-me.

[5] ECONOMIST. Younger business travellers want more communal living [EB/OL] (2016-08-16). https: //www.economist.com/blogs/gulliver/2016/08/leisure-principle?zid=303&ah=27090cf03414b8c5065d64ed0dad813d.

[6] ECONOMIST. Business travellers are keener on the sharing economy than their employers[EB/OL] (2017-02-13). https: //www.economist.com/blogs/gulliver/2017/02/ta-ta-taxis-hasta-luego-hotels?zid=303&ah=27090cf03414b8c5065d64ed0dad813d.

[7] ECONOMIST. Few business travellers now take a taxi [EB/OL] (2017-07-27). https: //www.economist.com/blogs/gulliver/2017/07/ditchin-cabbin-

it?zid=303&ah=27090cf03414b8c5065d64ed0dad813d.

[8] ECONOMIST. The world's largest online-travel company[EB/OL] (2017-07-29). https: //www.economist.com/news/business/ 21725579-and-best-run-internet-firm-after-amazon-worlds-largest-online-travel-company.

[9] ECONOMIST. Younger business travellers are more likely to extend trips for fun[EB/OL](2017-06-13). https: //www.economist.com/blogs/gulliver/2017/06/all-work-and-some-play?zid=303&ah=27090cf03414b8c5065d64ed0dad813d.

[10] KOWALEWSKI D., MCLAUGHLIN J., HILL A. J. Blockchain will transform customer loyalty progress[J]. Harvard business review. 2017.

[11] LANGFORD G., WEISSENBERG A. 2018 travel and hospitality industry outlook. London: Deloitte. 2017, 14.

[12] MAX S. End of the OTA merchant model: this time for real. NewYork: HeBS Digital Inc. 2010.

[13] NAKAMOTO S. Bitcoin: A peer-to-peer electronic cash system[J]. Bitcoin. https://bitcoin.org/bitcoin.pdf. 2008.

[14] SHAUGHNESSY H. Expedia's expansion startegy: platform, platform, platform [EB/OL] (2011-10-31). https: //www.forbes.com/forbes/welcome/?toURL=https: //www.forbes.com/sites/haydnshaughnessy/2011/10/31/expedias-expansion-strategy-platform-platform-platform/&refURL=&referrer=#5c5093057823.

[15] DU W. PAN S. L., LEIDNER D., etc. Affordances, Experimentation and actualization of fintech: a Blockchain implementation study[J]. Journal

of strategic information systems. 2019, 28(1): 50-65.

[16] YING W, JIA S, DU W. Digital enablement of blockchain: evidence from HNA Group[J]. International journal of information management. 2018, 39(2): 1-4.

[17] 潘善琳，崔丽丽. SPS 案例研究方法：流程、建模与范例[M]. 北京：北京大学出版社，2016.

[18] 潘善琳，应文池. SPS 案例沙盒教学方法：设计，实施与范例[M]. 北京：北京大学出版社，2018.

[19] WANG L, LUO X R, XUE B. Too good to be true? Understanding how blockchain revolutionizes loyalty programs[C]. in twenty-fourth Americas conference on information systems, New Orleans. 2018.

[20] FRIZZO-BARKER J., CHOW-WHITE P. A., ADAMS, etc. Blockchain as a disruptive technology for business: A systematic review[J]. International Journal of Information Management, 51, 102029. https://doi.org/10.1016/j.ijinfomgt.2019.10.014.

[21] CASINO F., DASAKLIS T. K., PATSAKIS C. A systematic literature review of blockchain-based applications: current status, classification and open issues[J]. Telematics and Informatics, 2019 (36): 55-81.

[22] YLI-HUUMO J., KO D., CHOI S., etc. Where is current research on blockchain technology?-A systematic review[J]. PloS one 11 (10): e0163477. https://doi.org/10.1371/journal.pone.0163477.

[23] WAMBA S. F., KAMDJOUG K., ROBERT J., etc. Blockchain and fintech: a systematic review and case studies in the supply chain[J]. Production planning and control. 2019, 31(2-3): 115-142.

[24] PAN S L, TAN B. Demystifying case research: a structured-pragmatic-

situational (SPS) approach to conducting case studies[J]. Information and Organization, 2011, 21(3): 161-176.

[25] RISIUS M, SPOHRER K. A blockchain research framework: what we (don't) know, where we go from here, and how we will get there[J]. Business & information systems engineering, 2017, 59(6): 385-409.